니케아 신경 형성기

신경의 불완전한 말들을 형성한 사람들의 이야기
신경의 불완전한 말들이 형성한 사람들의 이야기

다함 은

1. **다**윗과 아브라**함**의 자손
   아브라함과 다윗의 자손으로, 하나님 구원의 언약 안에 있는 택함 받은 하나님 나라 백성을 뜻합니다.
2. 마음과 뜻과 힘을 **다하여** 하나님을 사랑하라
   구약의 언약 백성 이스라엘에게 주신 명령(신 6:5)을 인용하여 예수님이 가르쳐 주신 새 계명
   (마 22:37, 막 12:30, 눅 10:27)대로 마음과 뜻과 힘을 다해 하나님을 사랑하겠노라는 결단과 고백입니다.

사명선언문
1. 성경을 영원불변하고 정확무오한 하나님의 말씀으로 믿으며, 모든 것의 기준이 되는 유일한 진리로 인정하겠습니다.
2. 수천 년 주님의 교회의 역사 가운데 찬란하게 드러난 하나님의 한결같은 다스림과 빛나는 영광을 드러내겠습니다.
3. 교회에 유익이 되고 성도에 덕을 끼치기 위해, 거룩한 진리를 사랑과 겸손에 담아 말하겠습니다.
4. 하나님 앞에서 부끄럽지 않도록 항상 정직하고 성실하겠습니다.

니케아 신경 형성기
- 신경의 불완전한 말들을 형성한 사람들의 이야기
  신경의 불완전한 말들이 형성한 사람들의 이야기 -

초판 1쇄 인쇄 2025년 09월 01일
초판 1쇄 발행 2025년 09월 15일

지은이 | 곽계일

디자인 | 장아연
펴낸이 | 이웅석
펴낸곳 | 도서출판 다함
등 록 | 제402-2018-000005호
주 소 | 경기도 군포시 산본로 323번길 20-33, 701-3호(산본동, 대원프라자빌딩)
전 화 | 031-391-2137
팩 스 | 050-7593-3175
블로그 | https://blog.naver.com/dahambooks
이메일 | dahambooks@gmail.com

ISBN 979-11-994307-0-9 (93230)

※ 신저작권법에 의하여 한국 내에서 보호받는 저작물이므로 무단 전재와 무단 복제를 금합니다.
※ 책 값은 뒷표지에 있습니다.
※ 잘못된 책은 구입처에서 교환하여 드립니다.

신경의 불완전한 말들을 형성한 사람들의 이야기
신경의 불완전한 말들이 형성한 사람들의 이야기

니케아 신경 형성기

곽계일 지음

SYMBOLUM
NICAENUM

[일러두기]
1. 인명, 지명, 혹은 용어 등에 관해 간략 설명이 필요한 경우 윗첨자로 표시했습니다.
2. 외국어 인명은 '한국교회사학회 인명지명 모음집'에 따라 해당 인물의 언어권을 기준으로 한글 음역했습니다. 예를 들어서, 라틴어식 음역인 '아리우스'나 '아타나시우스' 대신, 헬라어식 음역인 '아리오스'나 '아타나시오스'로 표기했습니다.
3. 위의 법칙을 적용하면 '니케아' 대신 '니카이아'로 표기해야 하지만, '니케아 공의회'나 '니케아 신경'처럼 고유한 조합 명사로 받아들여지는 인지도를 고려해 예외적으로 '니케아'로 표기했습니다.
4. 음역의 출처가 되는 언어는 필요한 경우 약어로 표기했습니다(라. 라틴어; 헬. 헬라어; 시. 시리아어).
5. 성경 구절은 대한성서공회에서 발행한 개역개정역에서 인용했습니다.

목차

추천사 ··· 6
머리말 ··· 10

　(325년) 니케아 신경 ··· 18
　(381년) 콘스탄티노폴리스 제2차 신경
　　　　/ 니케아-콘스탄티노폴리스 신경 ··· 19

1. 알렉산드리아의 선지자 ··· 21

2. 니케아로 가는 길 ··· 59

3. 니케아 야간전투 ··· 89

4. 시르미움 승전비 ··· 113

5. 안티오키아의 선택 ··· 151

6. 두 로마와 크테시폰의 해석 ··· 183

7. 니케아 신경 형성기 ··· 213

부록
　부록1. 아리오스 범 연합 세력 (325년 전후) ··· 226
　부록2. 지역별 주요 신앙 정식 (325-381년) ··· 230
　부록3. 참고 문헌 ··· 231

SYMBOLUM NICAENUM

추천사

목회자 세미나에서 현직 목회자들께 교회에서 '사도신경'만 고백하지 마시고 꼭 '니케아 신경'도 고백하시라고 권면에 권면을 거듭해 왔던 한 사람으로서 『니케아 신경 형성기』 출간은 대단히 흥분되는 일이고 대단히 흐뭇한 일이 아닐 수 없습니다.

이 책은 1,700년 전 과거에 아름답게 형성된 공교회의 드라마가 어떤 역사적 배경, 어떤 등장인물, 어떤 신적 각본, 어떤 신학적 환경과 상황을 통해 직조되어 그려졌는지를 리듬감 있게 묘사하고 있습니다. '불완전한' 인간들이 '완전한' 성부·성자·성령 삼위일체 하나님을 묘사할 때 필연적으로 불거질 수밖에 없는 수많은 '역설적 이야기'들이 책 전반에 걸쳐 흥미진진하게 그려지고 있습니다.

이 책의 백미(白眉)는 1,700년 전 과거에 형성된 신경이 현재를 살아가는 우리 안에서 어떻게 살아 움직여 공교회의 상징으로 자리 잡게끔 만드는지에 대한 설득력 있는 논증입니다. 『니케아 신경 형성기』를 통해 공교회의 모든 신자는 자신들의 '신앙적 뿌리'를 감격적으로 되짚어보게 될 것입니다.

박재은 교수(총신대학교 신학과, 조직신학)

니케아로 향하는 길은 결코 단순하지 않았습니다. 그리고 니케아에서 흘러나온 길들은 다시 수많은 갈래로 뻗어 나갔습니다. 저자는 역사학자의 시선으로 이 다층적인 여정을 1차 사료를 바탕으로 공정하게 서술하면서도, 정통 신앙이 지닌 고유한 힘을 은연중에 드러냅니다. 케빈 밴후저가 말했듯, 교리의 형성은 하나의 거대한 드라마와 같습니다. 이 책은 그 드라마의 한 장면을 학문적 깊이와 문학적 긴장감을 잃지 않으면서도 흥미롭게 펼쳐 보입니다.

이 책이 지닌 독창적 강점은 세 가지로 요약할 수 있습니다. 첫째, 오리게네스 연구에 정통한 저자가 니케아 신앙의 기원을 새롭고도 생동감 있게 묘사한다는 점입니다. 둘째, 아타나시우스의 생애와 사상을 영웅적 신화로 과도하게 미화하지 않으면서도, 그가 남긴 신학적 공헌을 정확하고 균형 있게 조명한다는 점입니다. 셋째, 카파도키아 신학자들이 삼위일체론을 정교하게 다듬고 심화시킨 과정을 세밀하면서도 이해하기 쉽게 제시한다는 점입니다.

이제 우리는 이 한 권의 책을 통해 니케아 신앙의 본질과 그 역사적 의미를 새롭게 성찰하고, 더 나아가 그에 대한 해석학적 다양성이 선사하는 지적 풍요로움을 깊이 경험할 수 있게 되었습니다!

우병훈 교수 (고신대학교 신학과, 교의학)

곽계일 박사님의 『니케아 신경 형성기』를 읽으며, 언어 사용과 그 맥락이 얼마나 중요한지를 다시금 깨달았습니다. 이 책은 니케아 신경이 공교회의 고백서로 수용되는 과정과, 니케아-콘스탄티노플 신경으로 수렴되는 여정을 비교적 상세하게 설명합니다. 이를 통해 신경에 담긴 언어의 의미가 맥락 속에서 풍성해지는 경험을 할 수 있었습니다.

저자는 역사적 긴장 속에서도 공교회가 교리적 일치를 향해 나아간 과정을 따라가며, 그 과정 속에 담긴 가치를 분별하는 책임의 필요성을 잘 보여주었습니다. 우리는 이를 통해, 특히 니케아로부터 칼케돈에 이르러 삼위일체와 기독론 신앙고백이 공교회의 공동자산으로 확립된 사실을 기억하며, 다시는 혼란의 상황으로 돌아갈 필요가 없음을 명확히 할 필요가 있습니다.

    삼위일체 신앙을 이해함에 있어 특정 진영의 교조주의나 맥락에 대한 과도한 왜곡을 경계하는 저자의 시각은 오늘날에도 큰 울림을 줍니다. 동방 교부학에 깊이 천착한 저자의 통찰이, 삼위일체론 논의의 르네상스를 살아가는 독자들에게 분명한 길잡이가 될 것입니다. 연필을 손에 들고 잘 요약하며 전체 지형도를 만들며 읽어보기를 기꺼이 추천합니다.

유태화 교수 (백석대학교 신학대학원, 조직신학)

SYMBOLUM NICAENUM

머리말

첫째 딸아이를 중학교까지 차로 데려다주는 것은 때마침 아침 기도회에서 돌아온 나의 몫이다. 차 안에서 딸은 한국어로 말을 걸다가 표현이 막히면 영어로 말하는데, 내가 미국에서 학창 시절을 보내지 않은 탓에 맥락이 끊겨서인지 말뜻을 다는 붙잡지 못하고 흘려보내는 게 더 많다. 그런데 한국에서 학창 시절을 보내지 않는 딸아이도 사정은 마찬가지인 듯하다. 그럼에도 한국에서 자라난 소년과 미국에서 자라고 있는 소녀는 매일 아침, 학교 가는 차 안에서 대화한다. 서로의 말과 서로에 대한 이해가 불완전하다는 사실을 이미 알고 있음에도 서로에게 말하려는 시도를 멈추지 않는건 자신에게 익숙하지만, 상대에겐 미지인 세계를 달리 표현할 방법이 없기 때문이다. 사랑이 이 모든 불완전하고 불편한 시도를 멈추지 않고 감행하게 한다.

그러던 어느 날은 차 라디오에서 흘러나오는 영어 노래를 함께 흥얼거리며 따라 부르는 것으로 그날의 대화를 대신했다. 집에 돌아와 여전히 귓가에 붙어있는 몇 구절을 가지고 가사를 검색했을 때, 나는 비로소 「니케아 신경」의 불완전한 말들이 결국 무엇을 위한 시도였는지 단번에 깨달을 수 있었다.

[Chorus]	[후렴 / 저자 번역]
Age to age	우리는 끝없이 헤매었습니다
We've tried to find the words	주님이 얼마나 놀라우신지
To say how wonderful You are	표현할 그 말을 찾아서
It overwhelms a human heart	주의 놀라움에 사로잡혀서
Who am I	사람이 무엇이관대
That I would be the apple of Your eye?	주께서 우리를 생각하시나이까
Thank You so much, Jesus	감사하신 나의 주님
You're all I've ever needed	전부이신 나의 주님
Oh-oh-oh-oh-oh	오~오~오~오~오
Oh-oh-oh-oh-oh	오~오~오~오~오
Oh-oh-oh-oh-oh	오~오~오~오~오
Can you hear us singing?	우리 노래가 주님께 닿기를

Thank You So Much Jesus
Aodhán King (2024)

「니케아 신경」 속 모든 시도는 말로 표현할 수 없는 대상의 놀라움에 사로잡힌 자들의 복닥거리는 가슴에서 나오는, 마치 홀을 가득 메운 부모들 앞에서 최선을 다해서 부르려 하나 불안정하고 불완전하기 짝이 없는, 그러면서도 때마다 시도하는 아이들의 학예회 합창 같은 것이었다. 5세기 히포의 주교 아우구스티누스는 「니케아 신경」의 언어와 논리가 빚어진 시간을 이렇게 복기했다.

> 말로 표현할 수 없는 대상에 관해 우리가 굳이 말해보려고 시도해 온 것은 말로는 결코 완전히 표현할 수 없는 대상을 어떤 방식으로든 표현해야 했기 때문입니다. 헬라인 형제들은 그것을 '우시아' 하나에 '휘포스타시스' 셋으로 표현했고, 우리 라틴인들은 '에센티아' 하나 또는 '숩스탄티아' 하나에 '페르소나' 셋으로 표현했습니다. 앞에서 이미 언급했지만, 우리 라틴인들이 그렇게 표현한 이유는 라틴어 용례에서 대개 '에센티아 [헬. 우시아]'는 '숩스탄티아 [헬. 휘포스타시스]'와 같은 의미로 받아들여지기 때문입니다. 양측 처지에서 말로 표현할 방법이 이것뿐이었다 할지라도 말할 수 없는 신비를 표현하려 시도했다는 것만 잊지 않는다면, 세 분의 정체에 관해 묻는 말에 답하려는 시도 중에 나온 이들 표현은 저마다 정당하다고 볼 수 있습니다. "성자"라 말하지 않는 성부로부터 "성부"나 "성자"라 말하지 않고 "하나님의 선물"이라고 말하는 성령까지, 이렇게 세 분이 계심을 선언하는 것이야말로 확실한 신앙입니다.[1]

---

1 아우구스티누스 (히포 주교), 『삼위일체론』 7.4.7 (저자 번역).

복기 과정에서 아우구스티누스는 "말로는 결코 완전히 표현할 수 없는 대상을 어떤 방식으로든 표현해" 보려고 시도할 수밖에 없는 당위성에 주목했고, 두 가지를 손꼽았다. 그것은 성경이 성부-성자-성령 이렇게 "세 분이 계심"을 분명히 선언했기 때문이며, 따라서 성경에서 먼저 계시된 유일신론의 지평선 안에서 "세 분의 정체"에 관해 묻는 자들이 있었기 때문이다. 아우구스티누스에게 성경은 성부-성자-성령 세 분의 정체에 관한 계시이며, 신경은 성경 계시에 대한 해석과 거기서 파생되는 신앙의 요약이었다.[2]

성부-성자에 대한 성경 해석과 신앙을 두고 3세기 라틴어권 로마의 신자들과 헬라어권 알렉산드리아의 신자들 사이에 묻고 답한 불완전한 말들을 이 책 1장에 담았다. 4세기 알렉산드리아를 중심으로 이집트와 리비아의 신자들이 묻고 답했던 말들이 로마 황제가 주도한 합의 과정을 거쳐 325년 「니케아 신경」으로 성문화되는 과정은 2-3장에 담았다. 아우구스티누스가 주목한, 4세기 라틴어권 신자들과 헬라어권 신자들이 「니케아 신경」에 대한 상대방의 해석에 대해 자기 언어와 용례를 따라 서로 묻고 답했던 말들은 4-5장에 담았다. 다양한 해석의 말들이 로마 황제들의 요구에 따라 다양한 신경으로 성문화되는 맥락 가운데, 381년 「콘스탄티노폴리스 제2차 신경」과 '삼위일체' 신앙 정식을 「니케아 신경」에 대한 정통

---

2 삼위일체 신앙으로 성경을 해석, 요약한 결정체인 신경은 이를 통해 신앙을 고백하는 공동체에 성경을 해석하는 준거가 된다.

해석으로 합의하는 과정을 6장에 담았다. 아울러 아우구스티누스가 미처 놓친 말들, 즉 5-13세기 페르시아의 크테시폰을 중심으로 동방의 시리아어권 신자들이 「니케아 신경」과 그 해석인 「콘스탄티노폴리스 제2차 신경」을 바탕 삼아 5세기부터 13세기까지 서방의 라틴·헬라어권 신자들과 묻고 답한 말들을 6장에 마저 담았다.

　이 책에 담긴 말들은 대부분 성인 남성, 특히 황제나 주교, 장로처럼 당시 가부장적 사회에서 영향력을 지닌 남성 유력자들의 입에서 나온 것들이다. 그로 인해 문헌으로 남겨질 수 있었던 말들이기도 하다. 그러나 그렇다고 해서 이 말들이 공의회처럼 지극히 공적인 공간에만 머물렀다는 뜻은 아니다. 오히려 그 반대다. 공적 공간에서 생산된 말들은 광장과 시장 거리를 지나, 가부장 계층의 영향력이 미치는 동시에 시작되는 지극히 사적인 공간인 가정집까지 유통되고 소비되었다. 4세기 콘스탄티노폴리스에서 심부름을 나선 아이나 장을 보러 나온 젊은 여성은, 값을 지불하고 빵을 받기 전 상인으로부터 성부-성자-성령에 관한 전도부터 들어야 할 각오를 해야 했다. 알렉산드리아 교회에서 추방된 장로나 주교(예를 들어, 아리오스나 아타나시오스)는 신자들의 가정집을 전전하며 비밀 집회를 열었고, 어른에서 아이에 이르기까지 현재와 미래의 지지자들을 모아 세력을 확산시켰다. 이처럼 이 책에 담긴 말들은 가부장적 남성 유력자들의 목소리를 통해 전해졌지만, 실상은 그 권위 아래 속하고 동시에 그것을 떠받친 사회 집단 전체의 목소리이기

도 하다.³

소위 '공교회' 신자들, 즉 325년과 381년 두 신경이야말로 "말로는 결코 완전히 표현할 수 없는 대상"을 향한 최선의 표현이라고 합의한 신자들이 서로 묻고 답하는 시간을 거치면서 두 신경은 어느덧 「니케아 신경」 또는 「니케아-콘스탄티노폴리스 신경」이란 이름으로 일체가 되었다. 다시 말해서, 원조 「니케아 신경」의 텍스트 일부는 보존하고, 일부는 교정하고 보강한 「콘스탄티노폴리스 제2차 신경」이 「니케아 신경」 그 자체가 되었다!⁴ 「니케아 신경」을 형성한 불완전한 말들에 관해 논할 때 아우구스티누스의 심상에 떠오른 건 325년 원조 신경이었을까, 아니면 381년 개정 신경이었을까? 어쩌면 두 신경 모두는 아니었을까? 공교회 신자들이 오늘까지도 서로 묻고 답하는 시도를 멈추지 않는 현상에 주목하면서, 「니케아 신경」 형성기와 나란히 달려온 공교회 전통의 형성기 또한 마찬가지로 현재 진행형이라는 통찰을 마지막 7장에 담았다.⁵

「니케아 신경」 형성기는 유일신론의 지평선 안에서 성부-성자-

---

3   4세기 콘스탄티노폴리스와 알렉산드리아에서 시장과 가정 집을 배경으로 보고된 사례와 관련해 소조메노스, 『교회사』 5.7.1; 6.19.1-6; 7.5.1-6; 7.17.1 참고. 가정 집 모임이 교회 전통 형성에 미친 영향력과 관련해 Bowes (2010); Maier (2010) 참고.

4   책의 18-19쪽, 신경 전문 참고.

5   G. K. 체스터턴, 『정통』, 홍병룡 옮김 (서울: 상상북스, 2010), 32 참고: "나는 이것[즉, 사도신경]을 내 철학이라고 부르지 않겠다. 내가 만들어 낸 것이 아니기 때문이다. 하나님과 인류가 그것을 만들었고 그것이 또한 나를 만들었다."

성령의 고유한 자리를 찾아가는 성경 해석 과정에 대한 기록이자, 발생 가능한 모든 잘못된 성경 해석을 교정하고자 325년 원조「니케아 신경」을 보강해 나가는 과정에 대한 기록이라고 말할 수 있다. 이 모든 과정에서 필요한 건, 바른 성경 해석의 준거로서 원조「니케아 신경」이 담고 있는 용어와 표현의 본래 의미와 의도 자체를 해석하는 작업이었다.「니케아 신경」 형성기는 한 마디로 해석기였다. "무수히 많은 독자들에게 읽히고, 새로운 해석이 가해지는 가운데 그것을 버텨 내는" 텍스트, "읽고 나도 계속 뭔가 읽을거리가 남은" 텍스트, 그러니까 "끊임없이 해석하고 의미의 핵심을 파악하고자 하지만 목표에 이르지 못하게" 되는 텍스트라는 관점에서「니케아 신경」은 그 본체 된 성경 텍스트를 뒤따라 공교회 신자들의 고전이 되었다.[6] 본체 텍스트인 성경과 요약 텍스트인 신경을 공교회 전통의 고전으로 만든 건 결국 그 안에 담긴 무수한 말들로도 "결코 완전히 표현할 수 없는 대상" 그 자체가 아니었을까?

미주 지역 청년들이 모이는 유명 집회에 강사 신청서를 처음이자 마지막으로 제출한 건 몇 해 전이었다. 주최 측과 전화 인터뷰 끝에 정중하게 거절 받았는데, 내가 제시한 세미나 주제였던「사도 신경」이 청년들뿐만 아니라 교회에서조차도 관심 밖이라는

---

[6] 이현우, 『아주 사적인 독서』 (서울: 웅진지식하우스, 2013), 130. 이와 관련해 김진혁, 『우리가 믿는 것들에 대하여』 (서울: 복있는사람, 2022), 21-24 참고.

게 거절 사유였다. 개신교 전통의 신자들에게 익숙한 고전인 「사도 신경」마저도 이제는 낯설어하는 나의 한국인 형제·자매들에게 (전 세계 공교회 신자들 사이에 「사도 신경」보다 더 널리 사랑받는 고전임에도 불구하고) 더 생경한 「니케아 신경」을 소개하고픈 용기는 돌이켜보면 그 당시 통화를 마치며 스며 올라왔던 것 같다. "말로는 결코 완전히 표현할 수 없는" 대상에 관해 어떻게든 표현하고자 시도했던 사람들, 더 나아가 서로의 불완전한 표현에 대해 어떻게든 묻고 답하려고 시도했던 역사 속 공교회 신자들과 만날 수 있다면, 그거야말로 나의 불완전한 말들로 채워진 이 책을 통해 독자들에게 열어주고 싶은 첫 번째 가능성의 문이다. 그 가능성 너머, 신비의 대상을 표현하기엔 여전히 불완전한 말들일지라도 오늘 우리의 이웃들 앞에서 표현할 수 있는 용기와 그들의 표현을 듣고 물을 수 있는 용기가 생긴다면, 그거야말로 이 책과 함께 독자들에게 마저 열어주고 싶은 마지막 가능성의 문일 것이다. 열린 가능성을 향한 바람을 담아 이 책의 제목 『니케아 신경 형성기』 아래 다음과 같은 부제를 달았다.

신경의 불완전한 말들을 형성한 사람들의 이야기,
신경의 불완전한 말들이 형성한 사람들의 이야기.

2025년 6월,
니케아 전역 공의회 1,700주년을 맞아
지은이 곽계일

SYMBOLUM NICAENUM

(325년) 니케아 신경

우리는 한 분이신 하나님, 전능하신 성부를 믿습니다.
성부는 보이는 모든 것과 보이지 않는 모든 것을 지으신 창조주이십니다.

또한 우리는 한 분이신 주 예수 그리스도, 하나님의 아들을 믿습니다.
성자는 성부에서, 곧 성부의 '우시아'에서 낳음 받으신 독생자이십니다.
성자는 하나님에게서 나오신 하나님, 빛에서 나오신 빛, 참 하나님에게서 지음 받으시지 않고 낳음 받으신 참 하나님이십니다.
성자는 성부와 '호모-우시아'를 공유하신 하나님, 하늘과 땅에 존재하는 만물이 그로 말미암아 지음 받은 하나님이십니다.
성자는 우리 인간을 위하여, 우리의 구원을 위하여 내려오시어 육신을 취하셨고, 사람이 되시어 고난 받으셨으며, 사흘 만에 다시 살아나시어 하늘로 올라가셨고, 산 자와 죽은 자를 심판하러 오실 하나님이십니다.

또한 우리는 성령을 믿습니다.

[일러두기]
- 이 책에 사용된 저자의 번역입니다.
- 325년 신경에 없고 381년 신경에 새로 추가된 내용은 **볼드체**로 표시했습니다.
- 381년 신경에서 변경된 325년 신경의 내용은 밑줄로 표시했습니다.

SYMBOLUM NICAENUM

(381년) 콘스탄티노폴리스 제2차 신경 / 니케아 콘스탄티노폴리스 신경

우리는 한 분이신 하나님, 전능하신 성부를 믿습니다.
성부는 **하늘과 땅의** 보이는 모든 것과 보이지 않는 모든 것을 지으신 창조주이십니다.

또한 우리는 한 분이신 주 예수 그리스도, 하나님의 아들을 믿습니다.
성자는 **세상이 지어지기 전** 성부에게서 낳음 받으신 독생자이십니다.
성자는 하나님에게서 나오신 하나님, 빛에서 나오신 빛, 참 하나님에게서 지음 받으시지 않고 낳음 받으신 참 하나님이십니다.
성자는 성부와 '호모-우시아'를 공유하신 하나님, 하늘과 땅에 존재하는 만물이 그로 말미암아 지음 받은 하나님이십니다.
성자는 우리 인간을 위하여, 우리의 구원을 위하여 하늘에서 내려오시어 **성령과 동정녀 마리아에게서** 육신을 취하셨고, 사람이 되시어 **폰티우스 필라투스 치하에서 우리를 위해 십자가 형벌의** 고난 받으셨으며, **장사 되셨다가 성경에 기록된 대로** 사흘 만에 다시 살아나시어 하늘로 올라가셨고, **성부의 오른편에 앉아 계시다가** 산 자와 죽은 자를 심판하러 **영광 중에** 오셔서 **영원토록 그 나라를 다스리실** 하나님이십니다.

또한 우리는 **주님이시며 생명을 주시는** 성령을 믿습니다.
성령은 성부로부터 나오시어, 성부와 성자로 더불어 경배와 영광을 받으시고, 선지자들을 통해 말씀하신 하나님이십니다.
우리는 사도들로부터 이어져 온 하나의 거룩한 공교회를 믿습니다.
우리는 죄 사함 받는 세례가 하나라고 고백합니다.
우리는 죽은 이들의 부활과 내세의 삶을 소망합니다.

1

알렉산드리아의 선지자

SYMBOLUM
NICAENUM

1. 알렉산드리아의 선지자

5세기 교회 역사가 소크라테스는 325년 니케아 전역 공의회를 일컬어 "야간 전투와 다를 바 없었다."라고 평했다. "야간 전투"라는 표현에는 양쪽 진영 모두 "발 딛고 서 있는 전장이 어떤 곳인지 모르는 상태에서 싸웠다."라는 뜻이 담겨 있었다.[1] 니케아 전장은 '우시아'와 '휘포스타시스'라는 헬라어 용어에서 분출되어 용암처럼 흘러내리며 채 굳어지지 않은 불확실한 개념 덩어리들로 덮여 있었다. 고대 그리스 사회는 "재산", 특히 "부동산"이라는 뜻으로 '우시아'를 사용했고,^{눅 15:12-13} 고대 사상가들은 눈을 들어 보이지 않는 사회와 거기에 거주하는 시민들의 지적도^{地籍圖}를 그리는 데까지 이 법률 용어와 개념을 적용했다. 사회와 구성원의 존재와 존

---

1 소크라테스, 『교회사』 1.23.

속을 떠받치는 밑바탕이라는 의미에서 '우시아'와 상통하는 용어는 "밑에서 떠받치는 기초"란 문자적 뜻을 지닌 '휘포스타시스'였다.

플라톤 사상가들이 헬라 사상 전통들과 이집트 사상 전통들도 모자라 동방 아시리아-칼데아 사상 전통들까지 융합하며 천상계의 지적도를 거반 완성한 3-4세기가 되도록, 그렇게 신-플라톤 전통기로 진입하기까지 그리스도교 사상 전통은 새 신자에게 세례 주는 이름인 "아버지와 아들과 성령"[마 28:19] 사이를 유일신론 세계관 안에서 규명하는 하나의 표준 지적도를 채 갖지 못했다. 그런 신흥 유일신론자들을 향해 플라톤 전통의 사상가들은 너희들의 표준 지적도를 내놓아보라고 2세기 중반부터 요구하기 시작했고, 그중에서도 알렉산드리아 출신의 켈소스는 진작부터 유일신론 표준 지적도를 확립한 유대인들의 목소리를 빌어 그리스도교 신자들을 거세게 압박했다.

> 자칭 오직 하나님 한 분만을 경배한다는 사람들이 있다. 그런데 이들은 얼마 전 살다가 세상을 떠난 이 사람을 지나칠 정도로 추앙한다. 심지어 더 웃긴 건 하나님의 종을 경배한다고 해서 유일신론을 깨트리는 건 아니라고 주장한다는 사실이다. … 이 사람 예수를 "하나님의 아들"이라 부르면서도 정작 [성부] 하나님께는 합당한 경배를 돌리지 않고 도리어 이 사람을 높이고 있다.[2]

---

2 켈소스, 『진리론』 10; 오리게네스, 『켈소스 논박』 8.12. 그리스도교의 유일신론 사상에 대한 3세기 플라톤 사상가의 비판과 관련해 포르피리오

이를 계기로 그리스도교 사상가들은 「히브리서」 1장 3절에서 "사도가 하나님에게 친히 적용한" 성경 용어인 '휘포스타시스'를 바탕으로 외부 비평가들이 사용하는 '우시아' 개념을 선택 수용해 성부-성자 사이부터 규명하는 방식으로 그리스도교 유일신론 사상의 표준 지적도를 저마다 그려 나가기 시작했다.[3] 그러던 325년, 두 용어 사이로 흘러나온 개념의 지류들이 여전히 열기를 품고 굳어지지 않은 채 서로 뒤엉켜 꿈틀대는 불안정한 지형을 사이에 두고 "야! 이 사벨리오스의 추종자들아!"라고 지르는 고성과 이에 질세라 "왜! 이 마르키온의 추종자들아!" 혹은 "다신론 이교도들아!"라며 맞서는 고성이 상대 진영을 향해 화살처럼 빗발치는 야간 전투가 니케아에서 벌어졌다.

알렉산드리아의 디오니시오스

개전을 알리는 효시嚆矢가 날아든 시점은 3세기 중반, 니케아 전역 공의회가 열리기 대략 70여 년 전이었다. 북아프리카 리비

스, 『신탁에서 유래한 철학』 (발췌, 아우구스티누스 (히포 주교), 『신국론』 19.23) 참고: "헤카테 여신께서 말씀하시기를, 예수는 [자기 민족의 조상신을 섬긴] 가장 경건한 사람들 중의 하나로 다른 경건한 사람들의 영혼과 마찬가지로 죽은 후에 그에 합당한 열매인 영생불사를 받았다고 합니다. 그런데 그리스도교 신자들은 이를 모른 채 이 영혼을 경배하고 있습니다."

3   소크라테스, 『교회사』 3.7.

아 지역의 주교들은 성부-성자 관계를 정립하는 바른 용어로 '호모-우시아'를 사용해야 한다는 주장을 담아 공동명의로 편지를 보냈다. 편지의 수신자는 (이집트-리비아 북아프리카 지역의 대주교이면서) 알렉산드리아 교회의 주교였던 디오니시오스재임 248-264년였다. 답장에서 디오니시오스는 "포도 재배자가 포도와 구분되듯이, 선박 제조업자가 선박과 구분되듯이" 창조자 성부와 피조자 성자의 '우시아'는 서로 '호모'동일하지 않고 구분된다며 리비아 지역 주교들에게 응수했다. 그러면서 당시 로마와 리비아 서부 펜타폴리스 혹은, 키레나이카 지역을 중심으로 북아프리카 지역에서 막 영향력을 넓혀가고 있던 사벨리오스의 추종자가 되지 말 것을 단호히 경고했다.4 3세기 중반 북아프리카 지역에서 성부-성자 사이 관계가 '호모-우시아'라고 주장한다는 것은 "나는 사벨리오스의 추종자입니다."라고 고백하는 거나 다름없었다.

알렉산드리아 주교의 답장을 받은 리비아 주교들은 (유럽 지역의 총대주교이자) 로마의 주교였던 디오니시오스재임 259-268년에게 편지를 보내어 자신들을 도와 개입해 주기를 요청했다. 이에 로마 주교는 동명이인의 알렉산드리아 주교에게 편지를 보내어 "분리될 수 없는 궁극의 단일체"를 별개의 '휘포스타시스' 셋으로 분리

---

4 아타나시오스, 『디오니시오스 변론』 4-5. 리비아 서부 지역의 다섯('펜타') 도시('폴리스')는 베로니케, 타우키라, 바르케, 프톨레마이스, 그리고 보레이온이었다. '펜타 폴리스'에 관해 이 책의 부록1, "아리오스 범연합 세력 (325년 전후)" 참고.

하려는 "주제넘은" 시도는 "마르키온의 사상"을 추종하는 꼴이라며 압박했다.[5] 알렉산드리아 주교는 마르키온의 추종자라는 오명을 벗고자 성부와 성자가 서로 구별된 고유한 '휘포스타시스'라는 사실을 인정한다는 조건부로 '호모-우시아' 용어를 받아들일 수 있다며 일단 한발 물러섰다.[6]

리비아를 사이에 두고 로마와 알렉산드리아의 동명이인 주교들 사이에 주고받은 편지들은 '휘포스타시스' 과 '우시아' 하나를 받아들일 수 없었던 각자 다르면서도 서로 비슷한 사정을 행간에 밝히고 있었다. 그것은 두 용어를 사용한 신앙 정식이 각자 담당하는 교권 지역에서 극도로 경계하는 대상이었던 마르키온[85-160년]과 사벨리오스[3세기 초]의 유일신론 사상을 상징했기 때문이었다. 로마 주교 디오니시오스에게 '우시아' 하나가 이제는 만연해진 마르키온 추종파의 오류를 교정하는 옛 정식이었다면, 알렉산드리아 주교 디오니시오스에게 '휘포스타시스' 셋은 신흥 세력인 사벨리오스 추종파의 오류를 교정하는 새 정식이었다.

3세기 알렉산드리아의 주교 디오니시오스가 면피하려고 임기응변식으로 내뱉은 두 정식의 조합 즉 '휘포스타시스' 셋에 '우시아' 하나' 정식은 4세기 「니케아 신경」과 「콘스탄티노폴리스 제2차

---

5 아타나시오스, 『니케아 전역 공의회 변론』 26.1-13.
6 아타나시오스, 『니케아 전역 공의회 변론』 25.3-5; 『아리미눔-셀레우키아 공의회 비평』 44.1-2; 『디오니시오스 변론』 18.

신경」을 거쳐 마침내 그리스도교 유일신론의 표준 정식이 되고 말았다! '삼위일체' 정식의 출현이 처음 대두된 맥락에서 두 정식의 조합은 마르키온과 사벨리오스를 모두 배제하는 여집합이면서, 로마와 알렉산드리아의 주교를 모두 포용하는 합집합이었다. 그러려면 동명이인의 두 주교가 구분 없이 유의어로 사용했던 '휘포스타시스'와 '우시아' 두 용어부터 차의어로 떼어놓는 공정이 필요했다. 325년 「니케아 신경」에서 "성자는 성부와 다른 '휘포스타시스' 혹은 다른 '우시아'로 존재하신다."라는 문구 안에 맺어준 두 용어 사이 유의어 관계를 381년 「콘스탄티노폴리스 신경」은 (이 문구가 삽입된 파문 조항 전체와 함께) 파기했다. 그 말인즉슨 이제 차의어로 구별된 두 용어 안에 (마르키온과 사벨리오스 그리고 이후에 출현한 다른 '이단' 사상가들이 사용한 것과 차별된) 새 개념을 주입했다는 뜻이었다.

3세기 중반부터 325년 사이 「니케아 신경」의 성문화 과정, 이어서 325년부터 381년 사이 「니케아 신경」에 대한 교정 과정이 시사하는 바는 무엇일까? 「니케아 신경」 형성기는 구약성경에 계시된 유일신론 안에서 신약성경에 계시된 성부-성자-성령 사이 지적도를 그려나가는 기간이었고, 이 기간에 '휘포스타시스'와 '우시아' 두 용어 사이 조합을 바탕으로 각각 고유한 개념을 찾아나가는 기록이었다.

알렉산드리아의 테오그노스토스

알렉산드리아 교회의 주교 디오니시오스는 성부-성자를 그 무엇보다 태양-태양광에 비교하여 개념화했던 테오그노스토스^{대략 210-270년}의 제자였다. 그의 선생이 성부에 가장 적합한 비유로써 태양을 선택한 주된 이유는 발광원으로서 성부가 지니신 '우시아'가 불변할 만큼 신성한 특질임을 강조하기 위해서였다.

> 발광 후에도 형체가 일그러지지 않는[혹은, 질량이 줄어들지 않는] 태양처럼, 성부의 '우시아'도 변화의 고통을 겪지 않으면서 성자를 자기 형상^{이론}으로 발출합니다.[7]

테오그노스토스가 성자에 비견될 만한 비유로 태양광을 선택한 이유는 유존재에서 유존재로 생겨난^{Creatio ex aliqua} 존재로서 무존재에서 유존재로 창조된^{Creatio ex nihilo} 모든 피조물과 그 기원부터 다른 차별성을 강조하기 위해서였다.

> 성자의 '우시아'는 성부 밖에서 기원했거나 무존재로부터 생겨난 것이 아니라, 마치 [태양에서 나오는] 태양광과 [물에서 올라오는] 수증기처럼 성부의 '우시아'에서 생겨났습니다. 태양광이 태양 그 자체가 아니고 수증기가 물 그 자체는 아니지만, 그렇다고 전혀 이질적

---

7 아타나시오스, 『니케아 전역 공의회 변론』 6.25.

이지도 않습니다. 성부의 '우시아'에서 발출된 성자의 '우시아'도 그렇습니다.[8]

테오크노스토스가 성부는 불변성을 중심으로, 성자는 기원의 차별성을 중심으로 '우시아'를 개념화한 배경에는 정반대로 변화성과 피조성을 중심으로 성부-성자 사이 관계를 개념화하려는 사상가들에 대한 상대 의식이 깔려 있었다. 그가 의식한 상대는 성부와 성자의 '우시아'를 '호모'[동질] 관계로 규정한 알렉산드리아의 영지주의자들이었다.

3세기 로마 교회의 장로 신학자였던 히폴리토스의 증언에 따르면, '호모-우시아'란 용어를 처음 사용한 영지주의자는 2세기 초 알렉산드리아에서 활동한 바실리데스였다. 그는 생물종의 씨앗[혹은, 정자]안에 보존된 동질성과 유전성을 바탕으로 이 용어를 개념화했다.[9] 바실리데스의 개념에서 한 발 더 나가서, 씨앗을 발출해 다른 개체에 동질성을 유전하는 과정에서 필연적으로 모체가 겪는 물리적 변화에 초점을 두고 '우시아'의 개념을 발전시킨 이는 발렌티노스[대략 100-180년]와 그의 학당 제자 프톨레마오스였다. 발렌티노스 학당파는 단일한 신적 기원으로부터 피조 세계가 다양하면서도 유기적으로 발전하고 있는 진화 생물학적 현상을 '호모-우시아'

---

8 아타나시오스, 『니케아 전역 공의회 변론』 6.25.
9 히폴리투스, 『이단 논박』 7.10.

용어와 개념으로 설명할 수 있었다.

이들 알렉산드리아의 영지주의자들에게는 유기적 변화 가능성이야말로 존재하는 모든 것과 그들의 모체 된 신적 기원체가 '호모'하게 공유하고 있는 '우시아'였다. 기원자 성부의 첫 씨앗 된 '로고스' 성자를 거쳐 발출되고 파생된 세상의 모든 존재가 하나의 유기체로 연결되어 있다는 세계관의 중심에 알렉산드리아의 영지주의자들이 심어 놓은 핵심 용어가 '호모-우시아'였다. 가변성이라는 보편적 본성을 어떻게 일깨우고 발현하여 성부를 닮은 형상으로 변화를 이뤄내는 정도는 각 파생체가 습득하는 비밀스러운 지혜에 달린, 구원론과 연결된 또 다른 차원의 문제였다.

테오크노스토스는 '발출'이나 '형상' 같이 알렉산드리아의 영지주의자들이 사용한 용어를 사용해 성부-성자 관계를 탐구하면서도, 핵심어인 '우시아'에 관해서는 영지주의자들이 정립[正立]한 물리적 분할 개념을 부정하는 반립[反立] 자세를 취했다. 테오크노스토스의 사상에서 성부의 '우시아'는 태양처럼 성자의 것을 발출한 후에도 형체가 일그러지거나 질량이 줄어드는 "변화의 고통"을 겪지 않으며, 성자의 '우시아'는 태양광처럼 성부의 것과 비교해 전혀 이질적이지 않다.

선생 테오크노스토스가 영지주의 사상가들을 상대로 변증하는 과정에서 성부와 성자의 '우시아'가 어떤 피조물의 것과도 '호모[동일]하지 않다는 방패를 내세웠다면, 제자 디오니시오스는 사벨리오스의 추종자들을 상대로 변증하는 과정에서 성부와 성자의

'우시아'가 서로 '호모'^{동일}하지 않다는 방패를 내세웠다. 3세기 알렉산드리아 교회가 치른 전투는 원근 각처에서 쏘아대는 '호모-우시아' 화살로부터 모든 피조물과 구별되는 성부와 성자의 신성과 더불어 성부와 구별되는 성자의 고유한 '휘포스타시스'^{신격체}를 지켜내는 방어전이었다.

성부와 성자의 '우시아'가 서로 같지도 다르지도 않다면 결국 '호모-이'^{유사}하다는 말이 아닐까? 실제로 당시 시리아 지역의 안티오키아 교회는 주교 파울로스^{200-275년}와 장로 루키아노스^{240-312년}의 주도로 '호모-이-우시아' 유일신론 사상을 그러나가고 있었다.[10] 그럼에도 테오크노스토스와 주교 디오니시오스로 이어지는 3세기 알렉산드리아 교회 전통이 '호모-이-우시아' 용어와 개념이 가져다주는 편리성과 확실성보다 이중 부정의 불편성과 모호성을 고수했던 이유는 무엇이었을까? 이 질문에 대답해 줄 이는 테오크노스토스의 선생이었다.

알렉산드리아의 오리게네스

테오크노스토스가 "흠모하며 뒤따른" 선생은 오리게네스^{185-254년}였다.[11] 생애 대략 6,000-8,000편에 이르는 방대한 저작물을 남긴

---

10 더 자세한 내용은 이 책 제2장, "시리아 안티오키아" 단락을 참고.
11 아타나시오스, 「이집트 타니스의 주교 세라피오스에게 보낸 편지」

오리게네스가 가장 먼저 착수했던 저작 중 하나는 『요한복음 주석』이었고, 발렌티노스 학당 출신의 헤라클레온이 편찬한 주석에 대한 변증적 성격의 논박이 저작 동기였다. 219년부터 시작하여 알렉산드리아를 떠난 232년까지 저술한 제1-5권 전체를 오리게네스는 「요한복음」 1장 1-18절 서론 부분에만 할애하며 성부-성자 관계를 집중 조명했다.

성자는 성부의 "말씀"이라는 「요한복음」 서문의 선언에 집중한 주석 첫 권에서 오리게네스는 이 말씀이 성부에게서 나온 공기가 발성 행위를 거쳐 만들어내는 "발음" 같은 기체역학 현상이 아님을 먼저 강조했다.[12] 이러한 그의 부정은 성자에 관해 성부의 '우시아'가 안에서 밖으로 고스란히 발출되어 그저 '호모-우시아'만 지닌 현상일 뿐이라고 가르치는, 발렌티노스 학당파의 사상에 대한 정면 반박이었다. 성자가 성부 안에서 밖으로 떨어져나온 발출물이 아니라는 반박을 통해 오리게네스가 확실히 주장하려 했던 바는 성자가 성부와 구별된 '휘포스타시스'를 지닌 고유한 신격체神格體라는 사상이었다.

주석 제2권에서 오리게네스는 발렌티노스 학당파가 성자에게서 '휘포스타시스'를 박탈하고 성부와 동일한 호모 '우시아'만 남겨둔

359-360년」9.
12 오리게네스, 『요한복음 주석』 1.292. 좀 더 엄밀히 말해서 오리게네스 사상에서 성자는 성부에게는 '지혜'이시며, 세상에게는 계시된 성부의 지혜로서 '말씀'이시다.

주된 이유에 관해 '하나님은 오직 한 분'이란 유일신론을 지키려다 범한 사상적 오류라고 분석했다. 심지어 바른 신앙을 고백하는 교회의 신자들조차 "성부와 성자, 하나님 두 분"이라고 입 밖에 냈다가 결국 유일신론을 부정하는 꼴이 될 것을 두려워한 나머지 크게 두 갈래의 오류에 종착할 수 있다고 경고하기도 했다.

> 이들은 오직 한 분이라고 고백하는 하나님을 [상황에 따라] 명목상 "성자"라고 부름으로써 성자의 속성이디오테타이 성부의 것과 구분됨을 부정하든지, 아니면 성자의 속성과 '우시아'를 성부의 것과 완전히 다르다고 구별함으로써 성자의 신성을 부정합니다.[13]

전자 즉 '호모동일-우시아' 오류의 대표자는 로마의 사벨리오스나 알렉산드리아의 발렌티노스였고, 후자 즉 '헤테로다른-우시아' 오류의 대표자는 "성자는 본래 아들이 아니었다가 성령으로 말미암아 입양된 이후부터 아들이 되었다."라는 식으로 주장하는 팔레스티나의 에비온파나 시리아 안티오키아의 주교 파울로스였다. 오리게네스는 전자의 오류에 맞서 성부와 성자의 '우시아'가 완전히 같지도 않고, 후자의 오류에 맞서 완전히 다르지도 않다는 이중 부정립을 통해 자신의 유일신론 지평선 안에 '성부'와 '성자'

---

13 오리게네스, 『요한복음 주석』 2.16. 이 책에서 '구분'은 같은 분류 안에서 내적 차이점을, '구별'은 다른 분류에 따른 외적 차이점을 강조하는 용어로 사용한다.

와 '성령'이라는 각각 고유한 '휘포스타시스' 개념을 안착시킬 공간을 창출했다.[14]

'휘포스타시스'와 더불어 자신의 유일신론 사상을 구축할 핵심 용어로 '우시아'를 부각하는 맥락에서 오리게네스는 이 용어를 '이디오테타'[속성]와 교차 사용했다. "소유물, 귀속물"이란 기본 뜻을 지닌 '우시아'는 오리게네스의 초기 사상에서 성부와 성자라는 두 '휘포스타시스' 안에 귀속되어 다른 모든 피조물과 구별되는 고유하고 변하지 않는 본성, 즉 신성을 가리키는 개념으로 자리 잡아가고 있었다.[15] 오리게네스에게 성자의 '우시아'는 성부의 것과 분리되지 않는 공통성과 더불어 동일하지 않은 고유성을 함께 포괄하는 신성이었다. 공통성뿐만 아니라 고유성의 출처 역시 오직 하나로, 낳음 받으시지 않은 유일한 '휘포스타시스'로서 성자와 성령

---

14 오리게네스, 『요한복음 주석』 1.151-52; 2.149.
15 오리게네스는 알렉산드리아를 떠나 팔레스티나에서 저술한 주석에서 '우시아'를 본성 개념으로 명시하기 시작했으며, 완전히 비물질적이고 비질량적이며 비가시적인 영적 본성이야말로 하나님의 고유한 '우시아' 즉 신성이라고 규정했다(이와 관련해 오리게네스, 『요한복음 주석』 13.123-53; 20.152-59 참고). 오리게네스는 천사라 할지라도 다른 모든 피조물처럼 일정한 질량을 몸에 지니고 있다고 보았고, 따라서 그 무게로 말미암아 유일하게 순수한 영이신 (즉, 질량이 전혀 없으신) 하나님보다 아래 거한다고 보았다(이와 관련해 오리게네스, 『원리론』 1.8.1-4 참고). '우시아'를 본성으로 이해하는 오리게네스의 개념은 알렉산드리아의 플라톤 사상가 암모니오스에게서 받은 유산으로 보인다. 오리게네스의 학당 동문이었던 플로티노스 역시 '우시아'에 관해 유사한 개념을 제자 포르피리오스에게 전수했다(이와 관련해 플로티노스, 『엔네아데스』 4, 4.28.56; 4, 7.10.9 참고).

으로부터 자신을 구별하면서도 자기 '우시아' 신성을 성자와 성령에게 수여하신 성부 한 분이었다.

> 그러므로, 세 '휘포스타시스' 즉 성부와 성자와 성령이 계심을 인정해야 합니다. 그리고 성부만이 그 누구에게서도 낳음 받으시지 아니한 '휘포스타시스'이심을 믿어야 합니다.[16]

신성으로 맺어진 성부-성자 관계에서 성부의 '우시아'가 (낳음 받으시지 아니하고) 낳으시는 신성이라면, 성자의 '우시아'는 낳음 받으시는 신성이었다.[17] 자신의 낳는 신성을 성자라는 대상을 향해 실현하는 활동의 주체가 성부의 '휘포스타시스'였다면, 낳음 받는 신성을 성부와 함께 실현하는 활동의 주체는 성자의 '휘포스타시스'였다. 오리게네스의 초기 사상에서 '휘포스타시스'는 내재한 '우시아' 신성을 실현하고자 움직이는 외적 활동의 주체를 의미하는 개념으로, '우시아'는 '휘포스타시스'의 활동을 통해 실현될 잠재된 본성(혹은, 가능성)을 의미하는 개념으로 자리 잡아 가고 있었다.

활동의 주체 개념인 '휘포스타시스'를 두고 오리게네스는 성

---

16 오리게네스, 『요한복음 주석』 2.75.
17 아이를 낳은 산모와 달리 성자를 낳은 후에도 성부에게는 변화의 고통이 없다는 오리게네스의 사상은 역으로 풀이하면 성자의 '우시아' 역시 완전히 비물질적이고 완전히 영적인, 성부와 같은 신성한 본성이라는 함의를 갖는다(이와 관련해 『요한복음 주석』 20.157-58 참고).

부-성자 사이에 분리·구별은 긍정하고, 활동의 원동력 개념인 '우시아'를 두고는 (성부에게서 받으셨기에) 분리·구별은 부정하나 (성부와 분리·구별된 '휘포스타시스' 안에 있기에) 구분은 긍정했다. '휘포스타시스'에는 구별을, '우시아'에는 구분을! 두 용어를 개념적으론 나누고 사상적으론 조합한 오리게네스는 4세기 '삼위일체' 유일신론 사상의 출현을 예견하고 준비한 선지자였다.[18]

오리게네스는 성부에게서 분리·구별된 '휘포스타시스'와 분리·구별되지 않고 구분된 '우시아'를 지닌 성자를 개념화해 줄 새로운 비유, 발렌티노스의 생물학적 비유와 다른 차원의 비유를 「요한복음」 서문에서 찾았다. 그것은 바로 성부를 "어둠이 전혀 없는 빛 그 자체"로서 광원에, 성자를 "어둠 속에 비치는 빛"으로서 광채에 비교해 설명하는 천체 광학적 비유였다.[19] 알렉산드리아에서 집필한 말기작 『원리론』에서도 오리게네스는 실존물부터 심지어 상상물까지 포함해서 가능한 모든 대상을 제쳐두고 광원-광

---

18 오리게네스 사상 안에서 두 용어의 개념이 완전히 동일했다고 보는 관점(예, Trigger (1998), 112 n. 41), 거의 비슷했다고 보는 관점(예, Markschies (2004), 207-209), 완전히 구별되었다고 보는 관점(예, Ramelli (2011), 21-49)이 공존한다. 다양한 관점이 가능할 만큼 오리게네스의 신학 사상은 정형화된 완성작이었다기보다는 조형 중인 미완성작에 가까웠다. 게다가, 맞는 것을 덧붙이며 세워 나가는 정립 방식보다는, 성경과 교회 전통을 중심으로 아닌 것을 깎아 나가는 부정립 방식에 가까웠다. 이러한 특징은 그의 신학 사상이 변증적 맥락에서 형성되어 나갔음을 시사한다.
19 오리게네스, 『요한복음 주석』 2.149.

은 적용하는 게 타당하다는 귀결에 이르렀다면, 그런 판단의 결정적 근거는 다름 아닌 역사적 부활 사건이었다. 『요한복음 주석』제 10권에서 오리게네스는 "너희가 이 성전을 헐라 내가 사흘 동안에 일으키리라."[요 2:19]라는 성육신한 성자 예수의 선언과 "하나님이 그리스도를 다시 살리셨다."[고전 15:15]라는 사도 바울의 증언을 근거로 죽음에서 살리신 성부와 살림 받은 성자가 "우리의 인식에서만 다를 뿐 '우시아'도 같고 심지어 '휘포스타시스'도 같다."라고 주장하는 발렌티노스 추종자들의 해석례를 거론했다.[30] 이어 그런 해석을 교정할 요량으로 해당 「요한복음」 본문과 「고린도전서」 본문 옆에 「요한복음」 5장 19절과 11장 43-44절을 나란히 붙여 비교하면서 자신의 대안 해석을 제시했고, 다음과 같이 결론지었다.

> "아버지께서 하시는 일을 보지 않고는 아무것도 스스로 할 수 없다."라고 인정하셨고 "아버지께서 행하시는 그것을 아들도 그와 같이 행하느니라."라고 말씀하신 분이라면,[요 5:19] 그런 분이 성전을 [문맥상, 부활에 참여할 교회 된 신자들을] 다시 일으키시기란 전혀 불가능하지 않을 것입니다.[요 11:43-44] 그리스도를 다시 살리신 분이라고 우리가 분명하게 말해야 할 성부 하나님께서 먼저 보여주셨기 때문에 [다시 살림 받으신] 그리스도께서도 똑같은 일을 행하실 것입니다.[31]

---

30 오리게네스, 『요한복음 주석』 10.246.
31 오리게네스, 『요한복음 주석』 10.247.

서 집필한 제13권이었다. 해당 대목에서 '호모-우시아' 용어를 먼저 "동일한 본성" 개념으로 소개한 오리게네스는 곧장 "동일한 가능성" 개념으로 치환했다.[27] 그러면서, 만약 발렌티노스의 추종자 헤라클레온이 주장하듯이 어떤 사람이 "신령"으로 예배할 가능성이 생겼다고 해서 그가 성부 하나님과 동일한 신성을 공유한다고 치면,[요 4.23-24 참고] 역으로 이들이 행할 수 있는 범죄를 성부 하나님도 행하실 가능성이 있다고 추론하는 "위험한 사상"에 빠질 수 있다고 경고했다.[28] 게다가 성부 하나님의 본성이 "살릴 수 있는" 영이라면[창 2.7; 고후 3.6 참고] 신령한 예배자의 본성은 구원받고 살아날 수 있는 영으로 구별했다.[29] '호모-우시아' 용어에 대한 오리게네스의 평론은 타락할 수도, 거룩해질 수도 있는 피조자 인간의 가변성 아래 창조자 성부까지도 속박하려는 발렌티노스 학당파의 "위험한 사상"에 대해 울리는 파수꾼의 경종이었다. 그렇게 오리게네스는 변화의 수여자와 수혜자 사이, 부동의 원동자와 피동자 사이, 창조자와 피조자 사이 '우시아'를 구별했다.

그런 오리게네스의 생각이 영원토록 '낳는' 성부의 신성과 영원토록 '낳음 받는' 성자의 신성 사이에 (창조자와 피조자 사이에 합당한 '우시아'의 구별까지는 아닐지라도) 적어도 '우시아'의 구분만큼

---

27 오리게네스, 『요한복음 주석』 13.149-50.
28 오리게네스, 『요한복음 주석』 13.150.
29 오리게네스, 『요한복음 주석』 13.140-41.

드리아에서 벌어지고 있던 전투의 확전이었다.

성부-성자 두 '휘포스타시스' 주체에게서 나오는 움직임이 찰나의 시간 편차조차 허용 없이 완벽한 일치를 이룰 정도라면 그런 움직임을 일으키는 원동인으로서 내재한 본성 즉 '우시아'도 사실상 일치한다는 뜻이 아닐까? 성부-성자 사이 그 정도 내적 일치성을 두고 (발렌티노스와 사벨리오스의 추종자들이 선점한 표현과 오개념 때문에) 차마 '호모'라는 수식어를 사용할 순 없었지만, 실상은 그래도 될 만큼 일치에 가까우므로 오리게네스와 그의 제자들은 성부-성자의 신비 앞에 '호모-이'^{유사하다}라는 간편하지만 턱없이 부족한 수식어 붙이기를 또한 일체 거부한 것은 아니었을까? 성부의 '낳음 받으시지 아니한' 신성과 성자의 '낳음 받으신' 신성이라는 유일한 차이란 오리게네스에게 어떤 의미였을까? "나와 아버지는 하나이니라."는 성자의 선언에서^{요 10:30} "하나"가 가리키는 것이 '우시아'가 아니라면 과연 무엇일까? 이 같은 질문에 가장 먼저 답해줄 수 있는 사람은 알렉산드리아를 떠나 니케아에 보다 가까이 다가간 팔레스티나의 오리게네스였다.

팔레스티나의 오리게네스

알렉산드리아에서 시작한 초기작이면서 미완성의 평생작이 될 『요한복음 주석』에서 오리게네스가 '호모-우시아' 용어를 처음 콕 집어 언급한 대목은 팔레스티나의 항구 도시 카이사레이아에 성자가 "보이지 아니하는 하나님의 형상"[골 1:15]이라면, 이 형상 또한 [다른 모든 피조물과 달리] 보이지 아니하는 [신성한] 존재입니다. 한발 더 나아가 다음과 같이 분명하게 선언하고 싶습니다. 성자가 성부의 형상이라면 성자가 존재하시지 않은 시간은 없었습니다. … "성자가 존재하시지 않은 시간이 있었다."라고 말하고 다니는 자는 "성부에게 지혜조차, 말씀조차, 그리고 생명조차 없는 시간이 있었다."라고 말하는 꼴임을 깨달아야 합니다.[25]

4세기 아리오스보다 앞서 "성자가 존재하지 않은 시간이 있었다."라며 성부 중심의 유일신론 사상을 외친 주류들이 3세기 알렉산드리아에 존재했듯이, 4세기 「니케아 신경」 고백자들보다 앞서 "성자가 존재하지 않은 시간은 없었다."라는 대안 사상을 외친 오리게네스 같은 비주류들도 3세기 알렉산드리아에 존재했다.[26] 4세기 초 니케아에서 벌어질 "야간 전투"는 이미 3세기 초 알렉산

---

25 오리게네스, 『원리론』 4.4.1(발췌, 번역한 헬라어 원문 출처, 아타나시오스, 『니케아 전역 공의회 변론』 27.2). 루피누스 라틴어 번역문과 비교해 보자(Behr, 285): "광원이 광채 없이 존재할 수 없듯이, 광채이신 성자도 광원이신 성부 없이 이해될 수 없습니다. 그런 이유로 성자를 '그 본체의 형상'이자, 말씀이며, 지혜라고 부르는 것입니다(히1:3). 그렇다면 도대체 어떻게 '성자가 존재하지 않은 시간이 있었다.'라고 말할 수 있을까요? 만약 그렇다면 성부의 '휘포스타시스'가 엄연히 건재한데도 불구하고 진리도, 지혜도, 그리고 생명도 존재하지 않은 시간이 있었다는 뜻과 다를 바 없는데도 말입니다."

26 "성자가 존재하지 않은 시간은 없었다."라는 유일신론 사상은 "성부는 본래 성자의 아버지가 아니었다가 어느 시점부터 아버지가 된 존재가 아니라, 본래 성자의 아버지였다."라는 함의를 담고 있다. 오리게네스 사상에서 성부와 성자 각자의 영속성은 서로의 영속성을 상호 보증한다.

1. 알렉산드리아의 선지자   39

채만을 성부-성자에 독보적으로 합당한 비유로 꼽았다.

> 그 누구에게서도 낳음 받으시지 아니한 하나님께서 독생자의 아버지가 되신 신비는 이미 존재하는 어떤 것이나 인간의 마음에서나 존재하는 어떤 생각과 상상을 모두 포함한다손 쳐도 감히 비교될 대상이 없습니다. 이 신비는 광원에서 광채가 발출되듯이 시작도 끝도 없이 영원토록 낳으시는 신비이기 때문입니다. 이 신비 안에서 성자는 본래부터 하나님의 아들이시지, 본래는 아니셨다가 성령으로 말미암아 입양된 이후부터 아들이 되시지 않았습니다.[20]

4세기 「니케아 신경」에 앞서, 3세기 테오크노스토스와 디오니시오스에 앞서 성부-성자의 신비에 비견될 독보적 비유로 광원-광채를 애용한 이는 오리게네스였고, 그 출처는 신약성경 「요한복음」 서문이었다.

오리게네스의 사상에서 광원으로서 성부는 본래부터 영원토록 끊임없이 자기 신성을 성자에게 "수여"함으로써 본래부터 영원토록 끊임없이 성부이시며, 광채로서 성자는 본래부터 영원토록 끊임없이 성부의 신성을 받아 어둠을 향해 "반추"함으로써 본래부

---

[20] 오리게네스, 『원리론』 1.2.4. 오리게네스는 『원리론』의 본론 시작부터 (1.1.1) 하나님을 빛에 비유한 성경 구절들을 인용했다(신 4:24; 요일 1:5; 시 36:9). 오리게네스가 빛의 비유를 끌어들인 주요 목적은 하나님에 관해 성경에 사용된 여러 신체적 비유에 근거해 하나님의 물질적 본성을 주장하는 이들에게 맞서 하나님의 완전히 비물질적이고 영적인 신성을 강조하기 위함이었다.

터 영원토록 끊임없이 성자이시다.[21] 제1위의 광원으로서 성부는 만물에게 생명을, 제2위의 광채로서 성자는 이성을 지닌 존재들에게 성부를 아는 지혜를 수여하신다.[22] 두 개별 '휘포스타시스'가 맡은 고유한 사역의 범위와 역할에는 차등이 존재해도 구원을 위해 만들어 내는 모든 광학적 "움직임"은 미세한 "편차"도 허용하지 않을 만큼 본래부터 영원토록 끊임없이 "완벽한 일체"를 이룬다.[23] 성자를 본 자는 성부를 본 것이나 마찬가지이듯이, 성자는 성부를 반추하는 "티 없는 거울"이며 "형상"이시다.[24]

오리게네스는 성부-성자 사이, 본체-형상 사이 편차 없는 완벽한 일체에 관해『원리론』서론부에서 빛의 비유를 사용해 밝힌 바를 결론부에서 시간 개념으로 바꾸어 다음과 같이 선언했다.

---

21 오리게네스,『요한복음 주석』2.17-18. 이와 관련해『원리론』1.1.1 참고: "시편에서 '주의 빛 안에서 우리가 빛을 보리이다'(시36:9)라고 기록된 구절은 하나님의 말씀과 지혜이신 성자 안에서 성부를 본다는 뜻의 말씀입니다."

22 오리게네스,『원리론』1.3.5. 제3위의 거룩한 불로서 성령은 예수 그리스도를 영접한 신자들에게 성화의 은총을 수여한다(이와 관련해『원리론』1.8.3; 2.7.3;『요한복음 주석』2.73-76;『기도론』2.6 참고).

23 오리게네스,『원리론』1.2.12. 이어지는 단락에서 오리게네스는 성자의 움직임을 두고 선생을 따라 하는 제자의 모방 수준이 아님을 재차 강조하면서도, 성부가 영계에서 행하는 바를 성자는 물질계에서 행한다며 활동 무대를 구분한다.

24 오리게네스,『원리론』1.2.12. 이와 관련해『원리론』1.1.1; 1.2.6 ;『요한복음 주석』13.35;『켈소스 논박』8.12 참고.

오리게네스에게 성자 예수는 신자들의 교회 앞에서 구원의 원동자이자 영생의 수여자로 서 있기에 앞서 성부 앞에서 언제나 변함없이 피동자이자 수혜자로 서 있다. 성자가 서 있는 불변의 자리 즉 '휘포스타시스'는 성부의 우편이며, 30년 남짓의 짧은 시간 동안 팔레스티나 땅에서 일어난 성육신-십자가-부활-승천은 이 영원한 신비를 드러낸 결정적 계시였다. 이 계시의 현장에서 언제나 성부와 함께했으면서도 구분된 (기도, 순종 같은) 성자의 활동들과 더불어 성자에게만 일어났던 (성육신, 죽음, 부활 같은) 변화들은 성부와 공유하면서도 구분된 성자의 '우시아'를 드러낸 계시였다. 232년,[47세] 오리게네스는 성자의 신비를 교회 내부 신자들에게 설명하고 외부 비평자들에게 변증할 방법론적 숙제를 다음과 같이 『원리론』에 담은 채 알렉산드리아를 떠나 계시의 땅 팔레스티나로 향했다.

> 우리는 어떤 때는 모든 피조물이 공통으로 지닌 연약한 속성[가변성]이라고 볼 수밖에 없는 인간적 면모를, 또 다른 때는 근원적이고 초월적인 속성[불변성]이라고 볼 수밖에 없는 신적 면모를 한 분 성자 안에 모두 봅니다. 그럴 때마다 이 놀라운 신비 앞에서 우리의 이성은 충격으로 마비되고 맙니다. 어떤 생각의 갈래를 따라가야 할지, 어떤 신념을 지켜야 할지, 어떤 관점을 취해야 할지 알지 못하는 것입니다. 하나님으로만 여기자니 사람이 보이고, 사람으로만 여기자니 사망의 권세를 무너뜨리고 승리의 전리품과 함께 죽은 자 가운데서 돌아오신 이가 보이는 겁니다. 그러므로

참 인성과 참 신성이 한 존재 안에 깃들어 있는 이 신비를 반추할 때 꼭 필요한 것은 지극한 경외심입니다. 그래야만 한편으론 성자의 신성하고 초월적인 '휘포스타시스'에 관해 부당하고 부적절한 사상이 자리 잡지 못할 것입니다. 또 다른 한편으론 [성육신 이후] 성자에게 일어난 모든 역사적 사건을 그저 눈속임에 불과한 현상으로 치부하지 못할 것입니다.[32]

성자의 신비 속에 길을 잃지 않고자 오리게네스가 "지극한 경외심"으로 붙든 나침반은 초월적 성자의 '휘포스타시스'와 역사적 예수의 '휘포스타시스'가 같은 하나라는 확실한 명제였다.[33] 카이사레이아 항구를 통해 성육신의 신비가 계시된 땅 팔레스티나에 발을 디딘 오리게네스는 이 나침반에 의지해 불확실한 '우시아'의 신비를 마저 탐구해 나갈 작정이었다. 성부의 우편에 앉은 '휘포스타시스'에 걸맞은 성자의 '우시아'에 관해 성부의 것과 비교해 "동일하지도 않고, 분리되지도 않는다."라는 식으로 모호하게 발언했던 알렉산드리아의 오리게네스에 비해 팔레스티나의 오리게네스는 더욱 대담하고 명확하게 발언하기 시작했다.

---

32 오리게네스, 『원리론』 2.6.2.
33 그렇다면 성부가 성자 예수를 죽음에서 살리신 부활 사건이야말로 오리게네스에게는 주동자 역할을 한 성부의 '휘포스타시스'와 피동자 역할을 한 성자의 '휘포스타시스'가 서로 별개임을 밝혀주는 결정적인 계시였다. 이와 관련해 오리게네스, 『요한복음 주석』 13.153 참고.

구세주 [성자]는 살아계신 말씀이기에 '우시아'나, 지위나, 권세나, 신성이나, 지혜로는 그 어떤 권세 있고 장구한 존재와 비교조차 안 될 정도로 높으십니다.^엡 1:21 참고 그럼에도 [낳음 받으신 말씀이기에] 성부와는 그 무엇으로든 비교조차 안 될 정도로 낮으십니다.[34]

바로 뒤따르는 오리게네스의 설명은 성부-성자 사이에 존재하는 '우시아'의 격차가 "바울과 베드로 및 동시대 제자들"이 성자라는 "티 없는 거울"을 통해 처음으로 성부를 보게 된 사건, 구원사에서 신기원을 열어준 사건과 깊이 관련이 있음을 짚어준다.[35] 비슷한 시기에 집필한 『기도론』에서도 오리게네스는 성부보다 낮게 구분된 성자의 '우시아'와 그에 따른 성자의 구분된 역할을 신자가 성자를 통해 성부에게 기도하는 원리에 담아 다음과 같이 설명했다.

> 비록 그리스도라 할지라도 낳음 받은 존재라면 그 누구에게라도 기도해서는 안 됩니다. 구세주[성자]께서도 친히 기도하셨던 하나님, 곧 만유의 아버지에게만 기도해야 합니다. 다른 데서도 밝혔듯이, 성자가 성부와 다른 '우시아'와 주격을 지닌 존재라면 … 오직 성부에게만 기도하되 대제사장[성자]을 건너뛰어서는 안

---

34 오리게네스, 『요한복음 주석』 13.152.
35 오리게네스, 『요한복음 주석』 13.153.

되고 반드시 거쳐서 기도해야 합니다.[36]

영접하는 자에게 성자의 '우시아'는 구원이 되어 그를 "하나님의 아들"로 변화시키고, 받아먹는 자에게는 하늘의 신령한 양식이 되어 영생의 "건강과 활력과 힘"으로 그를 갓난아기에서 장성한 자로 자라게 한다. 기도하는 자에게 성자의 '우시아'는 성부의 영광을 티 하나 없이 보여준다.[37] 오리게네스 사상에서 '우시아'는 수여자에게는 변치 않는 소유물이면서, 수혜자에게는 변화를 가져다주는 은혜의 선물이었다.[38] 모든 변화의 선물은 언제나 성부에

---

36 오리게네스, 『기도론』 15.1. "주격"으로 번역한 헬라어는 '휘포카이메논'으로 『요한복음 주석』 10.246에서 오리게네스는 이 용어와 '휘포스타시스'를 유의어로 사용했다. 각각 '아래 놓여있는 것'과 '아래 서 있는 것'이란 문자적 의미를 지닌 두 용어는 현상의 기초, 활동의 원리, 혹은 결과의 원인을 함의한다.

37 "하나님의 아들", 오리게네스, 『기도론』 27.11. "건강과 활력과 힘", 오리게네스, 『기도론』 27.9.

38 오리게네스가 '우시아'를 변함없이 영속하는 하나님에게 해당하는 개념으로 규정한 면은 플라톤 사상과 호응하고, 그 자체로는 불변하면서 변화를 일으키는 원인으로 규정한 면은 스토아 사상과 호응한다. 이와 관련해 오리게네스, 『기도론』 27.8 참고: "[플라톤 사상가]들은 '휘포스타시스' 용어와 마찬가지로 '우시아' 용어 역시 비가시적 존재에게만 유효한 개념으로 사용합니다. 비가시적 존재만이 물리적 가감의 변화 없이 언제나 일정하게 존속하기 때문입니다. … 반면에, [스토아 사상가]들은 '우시아'를 우선 육체로 [즉, 가시적 방식으로] 그다음 이름으로 [즉, 비가시적 방식으로] 존재하는 만물의 물질 원료이자 원천으로 여깁니다. 이들에게 '우시아'는 만물이 생겨나기 이전부터 존재했거나, 만물에게 변경과 변화를 가져다주면서도 그 자체는 변하지 않고 남아있거나, 혹은 모든 변경과 변화 끝에도 그대로 남아있는 무결점체입니다."

게서 성자를 거쳐 신자에게 수여되기에, 그에 대한 감사의 반응으로 신자가 돌려 드리는 모든 기도와 찬양과 경배는 반드시 성자를 거쳐 성부에게 이르러야 한다.

오리게네스 자신이 분명히 못 박았듯이, 성부에 비해 성자의 '우시아'가 비교조차 안 될 정도로 낮다는 그의 사상은 성부와 비교해서 성자 자신이 "열등하다는 뜻이 절대 아니다."[39] 대신에, 오직 성자만이 성부의 '우시아'를 받을 수 있는 위치에 서 있다는 유일신론 차원의 의미와 더불어 오직 성자만이 타락한 죄인들에게 자기 '우시아'를 수여할 수 있는 위치에 서 있다는 구원론 차원의 의미를 내포한다.

> "아들 자신도 그때에 만물을 자기에게 복종하게 하신 이에게 복종하게 되리니"[고전 15:28]라는 말씀을 … 어떻게 성부의 모든 것인 성자가 "열등하다."라는 뜻으로 받아들일 수 있습니까! 성자야말로 "아버지의 것은 내 것이온데 …"[요 17:10]라고 친히 말씀하신 분입니다. 그런 분이 또한 믿는 각 사람 안에 속해 계신다고 성경이 증거하고 있으며, 그분도 자신이 주린 자와 목마른 자 안에 속해 계신다고 친히 말씀하셨습니다.[마 25:35-37 참고] 그러니까, 이 [고린도전서 본문] 말씀은 성자가 [성부 안에 완전히 속하여 계시듯이] 또한 믿는 자들 안에도 완전히 속하여 계실 거라는 뜻의 말씀입니다.[40]

---

39 오리게네스, 『로마서 주석』 7.5.4.
40 오리게네스, 『로마서 주석』 7.5.4. 이와 관련해 오리게네스, 『원리론』

오리게네스 사상에서 성부-성자 사이 '우시아'의 격차는 성부와 성자 사이 신성의 격차가 아니라 대신 (성부에게서 '우시아'를 받는 유일한 수혜자인) 성자와 (성자에게서 '우시아'를 받는 수혜자인) 신자 사이 격차를 가리킨다. 만약 성부의 '우시아'가 타락한 죄인들을 위해 성육-죽음을 겪으신 성자와 같았다면 성자를 죽음에서 보좌 우편까지 끌어올려 줄 부활-승천의 역사는 불가능했을 것이고, 반대로 만약 성자의 '우시아'가 지극히 높으신 성부와 같았다면 지극히 낮은 밑바닥에서부터 죄인을 끌어올려 줄 구원과 기도의 역사는 불가능했으리라는 게 오리게네스의 논리였다. 죄인들이 범하지 못하도록 성부의 초월성과 거룩성을 지키는 담벽이면서 동시에 그들에게 구원의 가능성을 열어주는 문과 같은 존재, 성전의 지성소와 뜰을 모두 드나들 수 있는 대제사장 같은 존재가 있어야 한다면 이 조건에 모두 부합하는 유일한 존재는 오직 성자뿐이다. 그렇다면 성부-성자 사이 '우시아'의 격차는 도리어 성부-신자 사이에서 교통할 수 있는 유일자로서 성자의 우등성을 뒷받침하며, 기도는 신자가 성자의 우등성을 확인하며 누릴 수 있는 대표적인 구원의 가능성인 셈이다.

오리게네스가 "성자를 거쳐 성부에게 기도해야 한다."는 그의

3.5.7 참고: "성자가 성부에게 복종한다는 「고린도전서」 15장 28절 말씀은 장차 우리의 구원이 완성될 축복된 상태를 보여주고, 성자가 사역 끝에 이루실 최후의 승리를 선언합니다."

기도론을 재차 역설한 현장은 보스라의 주교 베릴로스에게서 초청받아 참석한, 248년 로마령 아라비아 지역 공의회였다. 성찬식 순서 중에 드리는 기도를 예시로 들면서 "우리는 이 봉헌 기도를 성부와 교통할 수 있는 신성을 지닌 [유일자] 예수 그리스도를 통해 전능자 성부에게 드립니다."라고 발언했다. 이어서 성찬 및 기도에 관한 교회의 "전통 관습들"을 존중하고 지켜나갈 것을 주교들에게 신신당부했다.[41] 오리게네스가 아라비아 지역 공의회에서 기도와 성찬을 포함해 재확인한 예전 전통은 성부-성자에 관한 유일신론 전통의 뿌리에서 자라 맺힌 열매였다. 공의회 모두冒頭 발언에서 "하나님은 두 분이십니다."라는 선언으로 주교들을 놀라게 한 오리게네스는 이내 "성부와 성자가 어떻게 [한 분이 아니라] 두 분이십니까?"라든지 "성부와 성자가 어떻게 [두 신이 아니라] 한 하나님이십니까?"라며 자연스레 화두를 던졌다.[42] 그러더니 '휘포스타시스'와 '우시아' 같은 용어를 사용하지 않고 다만 "나 외에는 신이 없도다."라는 「신명기」 32장 39절 옆에 "나와 아버지는 하나이니라."라는 「요한복음」 10장 30절을 병치한 뒤, 다음과 같은 부정립 방식으로 자신이 속한 유일신론 사상 전통의 경계를 규정하고 그 울타리 안으로 주교들을 초대했다.

---

41 오리게네스,『헤라클리데스 대담집』4.31-34.
42 오리게네스,『헤라클리데스 대담집』2.29-33.

누구든지 만유의 하나님이 지닌 유일성에 관해 [성자] 그리스도 없이 홀로 계신 [성부] 한 분으로 생각해서는 안 되고, 반대로 [성부] 하나님 없이 [성자] 그리스도 한 분으로만 생각해서도 안 됩니다.[43]

오리게네스가 같은 주교들 앞에서 이번엔 반대로 정립 방식으로 유일신론 전통을 확인한 맥락은 "우리는 두 신에게 두 번 기도하는 게 아니라 하나님을 통해 하나님에게 단 한 번 기도합니다."라고 가르친, 기도에 관한 담론이었다.[44] 오리게네스에게 성부와 성자 사이 구별된 두 '휘포스타시스'는 구원의 역사와 현재를 통해 계시된 유일신론 사상이 성립하기 위해 서로에게 불필요조건이 아닌 필요충분조건이었다.

비슷한 시기에[247년/62세] 오리게네스는 그가 태어나기도 전부터 "그리스도교 신자들은 두 신에게 두 번 예배한다."라는 식의 주장을 퍼트리고 다녔던 동향 출신의 비평가를 향해서도 "우리는 하나님을 통해 하나님을 예배합니다."라는 식으로 대꾸했다.

> 켈소스: "자칭 오직 하나님 한 분만을 경배한다는 사람들이 있다. 그런데 이들은 얼마 전 살다가 세상을 떠난 이 사람을 지나칠 정도로 추앙한다. 심지어 더 웃긴 건 하나님의 종을 경배한다고 해

---

43 오리게네스, 『헤라클리데스 대담집』 3.15-19.
44 오리게네스, 『헤라클리데스 대담집』 4.33-34.

서 유일신론을 깨트리는 건 아니라고 주장한다는 사실이다."
오리게네스: "그리스도교 신자들은 '휘포스타시스'로는 진리의
[광원이신] 성부와 [광원에서 나온] 진리이신 성자로 구별된 두
분이지만, 생각과 뜻과 의지의 일치로는 한 분이신 하나님을 예
배합니다."[45]

오리게네스의 답변은 이미 별세한 지 오래되어 자신의 반론을 들을 수도, 재반론할 수도 없는 켈소스를 향한 반론이 아닌, 교회 담 밖의 이웃들을 거쳐 여전히 메아리로 반향을 일으키고 있는 이 망자(亡者)의 목소리에 당황하고 불안해하던 동시대 그리스도교 신자들을 향한, 그중에서도 새 신자들을 향한 격려이자 단도리였다.[46] 60대의 노숙한 사상가 오리게네스는 고유하고 분리된 '휘포스타시스'를 지닌 성부와 성자가 성령과 더불어 하나님 한 분 되기 위한 필요충분조건으로 끝내 신성의 일치 즉 '호모-우시아'를

---

45 오리게네스, 『켈소스 논박』 8.12. 생각, 뜻, 의지의 일치와 관련해 오리게네스, 『원리론』 1.2.6; 1.2.12; 4.4.1; 『요한복음 주석』 13.228 참고.
46 오리게네스는 제자이자 후견자 암브로시오스의 요청으로 『켈소스 논박』을 저술하게 되었다(『켈소스 논박』 서론.1.3). 애당초 오리게네스는 그리스도교 신앙과 신자에 대해 모함하는 자들을 상대하는 최고의 변증은 조롱하는 원수들 앞에서 끝까지 침묵하셨던 예수 그리스도의 본을 따르는 방법이라고 여겼고(『켈소스 논박』 서론.1), 그런 이유로 암브로시오스의 요청을 몇 차례 거절했다(『켈소스 논박』 서론.2). 하지만 암브로시오스의 끈질긴 요청에 못 이긴 나머지 결국 저술하게 되었는데(『켈소스 논박』 서론.3), 특별히 그리스도교 신앙에 대해 전혀 모르는 자들과 신앙의 초보자들을 염두에 두고 저술했다(『켈소스 논박』 서론.6).

1. 알렉산드리아의 선지자

명시하지 않았다. 하지만, 오리게네스의 사전에서 "생각"과 "뜻" 그리고 "의지" 같은 용어들은 하나같이 피조물을 향해 구원의 변화를 일으키는 잠재력을 내포하는 의미를 내포하는 어휘군에 속한다는 점에서 모두 '우시아'의 유의어나 다름없었다.[47]

니케아로 가는 길

오리게네스에게는 자기 시대에 이미 영지주의자들의 전유물이나 다름없었던 용어 '호모-우시아'를 끝내 자신의 유일신론 사상 안에 받아들이고 안착시킬 시간적, 사상적 여유 공간이 충분치 않았다. 그는 자신에게 허락된 시간을 하나님의 지혜이자 세상을 향한 말씀이신 성자가 그저 성부의 '우시아'가 안에서 밖으로 발출되어 음성화된 말씀으로 변한 공기역학 현상이 아니라는 반론을, 도리어 고유한 '휘포스타시스'를 지닌 신격체로서 성부의 우편 자리에서 성부와 더불어 구원을 위한 일체의 움직임을 이루어가시는 파트너라는 정론을 세우는 데 쏟았다. 그리고 이 확실한 정립에서 출발하여 성부-성자라는 한 쌍의 안무가를 움직이는 원동력으로써 '우시아'를 마저 탐구하던 도중 로마 황제 데키우스의 핍박에

---

47 예를 들어, 『요한복음 주석』에서 성부가 자기 '우시아'를 수여해 성자를 영원토록 낳는다고 기술한 반면(2.17-18), 『원리론』에서는 자기 의지를 수여해 성자를 영원토록 낳는다고 기술했다(1.2.6; 4.1.1).

막혀[249-251년] 발걸음을 멈춰 서고 말았다.

알렉산드리아에서 출발한 오리게네스의 발걸음이 지중해 건너 팔레스티나에서 멈추었듯이, 성부-성자-성령의 '휘포스타시스' 셋에서 시작된 유일신론 사상의 길도 미처 일체의 '우시아'까지는 이르지 못했다. 팔레스티나의 오리게네스는 성부-성자-성령에 관해서는 "이 삼겹줄이야말로 온 교회를 붙들고 지탱해준다."라고 확신하면서도,[전 4:12 참고] 삼위가 일체를 이루는 신비의 전모에 관해서는 성자 안에 감춰져 있다가 재림 종말에서야 드러날 거라는 식으로 결론을 유예할 수 있을 뿐이었다.[48]

오리게네스는 이 유예 속에다 "생각"과 "의지" 같이 '우시아' 주변을 둘러싼 유의어들 앞에 대신 '호모-'란 수식어를 붙임으로써 가깝게는 3세기 중반기에 그의 제자이자 알렉산드리아의 주교였던 디오니시오스가 (비록 로마 주교의 압박 아래 내키지 않는 마음으로나마) '호모-우시아'를 조건부 수용할 수 있는 여지를 미리 마련해 두었다. 그리스도교 사상의 역사에서 '휘포스타시스' 셋에 '우시아' 하나라는 유일신론 정식을 처음 명문화한 현장은 362년 알렉산드리아에서 소집된 지역 공의회였고, 당시 의장은 오리게네스를 두고 "성자에 관해 우리가 믿는바 곧 성부와 더불어 영원하

---

48 "이 삼겹줄이야말로 온 교회를 붙들고 지탱해 준다", 오리게네스, 『출애굽기 강론』 9.3. 유예와 관련해 오리게네스, 『창세기 강론』 2.5; 『민수기 강론』 21.2; 『예레미야 강론』 8.1; 『마태복음 주석』 12.42; 17.4 참고.

신 하나님이라고 확증해 준" 선지자라고 칭송해 마지않았던 알렉산드리아의 주교 아타나시오스였다.[49] 오리게네스가 놓은 유일신론 사상의 길은 비록 「니케아 신경」에까지 닿지 못했으나, 그 방향만큼은 틀림없이 니케아 전역 공의회를 향했다.

아타나시오스는 오리게네스가 중단하고 유예한 지점부터 마저 길을 이어간 끝에 마침내 니케아까지 도달했고, 거기서 "성자가 존재하지 않은 시간은 없었습니다."라고 한 오리게네스의 말을 대신 전했다. 하지만, 같은 출발지에서 목적지까지 이르러 오리게네스의 예언을 전한 제자는 아타나시오스 하나만이 아니었다. 알렉산드리아 교회의 장로 아리오스[336년 사망] 역시 성자의 '우시아'는 성부에 비교조차 안 되게 열등하다는 오리게네스의 목소리를 니케아 전역 공의회에서 대변했다. 오리게네스는 아타나시오스뿐만 아니라 아리오스에게도 니케아로 가는 길이었다.

알렉산드리아를 배경으로 아타나시오스와 아리오스의 추종자들이 맞서는 (그리고, 로마를 배경으로 사벨리오스와 마르키온의 추종자들이 맞서는) 구도 속에 시작된 니케아 전역 공의회는 그보다 앞서 오리게네스라는 3세기 알렉산드리아 출신 사상가의 생각 안

---

49 오리게네스에 관한 칭송, 아타나시오스, 『니케아 전역 공의회 변론』 27.1-2. 아타나시오스에게 오리게네스는 또한 "어떤 교부보다 다독다작한" 작가이며(『이집트 타니스의 주교 세라피오스에게 보낸 편지, 359/360년』 9) "존경받아 마땅할 정도로 부지런한" 일꾼이었다(『니케아 전역 공의회 변론』 27.1-2).

에서 이미 벌어졌던 "야간 전투"의 재개전이었고 확전이었다. 오리게네스는 니케아 전역 공의회의 종결이 아닌 시작을 예견한 선지자였다. 그가 끝내 성자 속에 감춰져 있다가 재림 종말에서야 드러날 신비라며 미결로 덮어둔 주제를 325년 니케아 전역 공의회가 봉인 해제했다.

〈요약 / 정리〉

2세기 중반 무렵부터 그리스도교 신자들은 구약 성경에 계시된 유일신 사상의 지평 안에서 신약 성경에 계시된 성부-성자-성령의 관계를 정립해야 할 과제에 직면했습니다. 철학 사상들과 유대교 전통이 밀집, 혼재한 알렉산드리아는 그리스도교의 유일신 사상을 정립해야 할 요구도와 필요도가 가장 강하게 느껴지던 지역이었습니다. 켈소스라는 철학 사상가는 알렉산드리아 유대인들의 목소리를 빌려, 그리스도교 신자들이 십자가에 못 박힌 예수를 "하나님의 아들"로 경배하면서도 동시에 유일신 사상을 유지하려는 모순을 비판했습니다. 이에 오리게네스와 그의 제자들은 「요한복음」 서문에 사용된 광원-광채 비유를 바탕으로 '휘포스타시스'에서는 구별되지만, 동시에 생각과 뜻과 의지에서는 일치하는 성부-성자의 관계를 탐색해 나가기 시작했습니다. 이 과정에서 오리게네스의 제자이자 알렉산드리아의 주교였던 디오니시오스는 로마 주교의 제안에 따라, 영지주의자들과 사벨리오스의 추종자들이 사용하던 용어인 '호모동일-우시아'를 일치의 개념으로 추가 수용해 나갈 가능성을 모색하면서 니케아 전역 공의회로 향하는 길을 열었습니다.

〈이해 / 해석 / 적용〉

[이해] 2세기 중반 이후, 그리스도교 신자들이 유일신 사상을 보다 명확히 정립해야 했던 배경은 무엇이었을까요?

[해석] '하나님은 오직 한 분'이라는 성경의 계시에도 불구하고, 초기 교회는 어떤 근거로 십자가에 못 박힌 예수를 하나님처럼 경배할 수 있었을까요? 당신은 오늘날 어떤 근거로 그 예수를 하나님처럼 경배하면서 여전히 유일신론자라고 말할 수 있나요?

[적용] 당신의 신앙을 어떻게 요약해 고백할 수 있을까요? 그 신앙 고백의 근거는 무엇인가요? 그 신앙 고백은 일상에서 어떻게 드러나고 있나요?

2

니케아로 가는 길

SYMBOLUM
NICAENUM

SYMBOLUM NICAENUM

2. 니케아로 가는 길

318년, 알렉산드리아 장로회에서 일장 연설하는 주교를 불안한 시선으로 바라보며 "리비아인 사벨리오스"를 떠올린 이는 장로 아리오스[336년 사망]였다.[1] 전임 주교 아킬라스[재임 312-313년] 아래 '바우칼리스' 교구 교회의 장로가 된 그는 얼마 후 공석인 된 후임 주교 자리를 두고 현 주교인 알렉산드로스[재임 313-326년]와 경쟁했을 만큼 알렉산드리아 교계에 큰 영향력을 행사하는 큰 키의 소유자였다.[2] 주교 알렉산드로스가 난해한 성경 본문에 관한 해석을 두고 교구 장로들의 의견을 구할 때마다 명석한 답변을 내놓으며 장로회에서

---

1 소크라테스, 『교회사』 1.5.
2 알렉산드로스와 경쟁에 관해 소크라테스, 『교회사』 1.15; 테오도레토스, 『교회사』 1.2.8-10 참고. 크고 늘씬한 아리오스의 외모에 관해 에피파니오스, 『이단총록』 69.3.1-2 참고.

높아진 아리오스의 명성은 알렉산드리아 너머 북아프리카 리비아 지역까지 드리웠다.[3] 리비아 동부 프톨레마이스의 주교 세쿤도스는 리비아 서부 마르마리케의 주교 테오나스와 더불어 아리오스의 열렬한 추종자가 되었고, 325년 니케아 전역 공의회에 참석한 주교들 가운데 아리오스를 파문한다는 황제 콘스탄티누스의 조서에 끝까지 서명을 거부하고 아리오스와 함께 유배형 받은 최후의 2인으로 남았다. 3세기 리비아 지역 주교들이 '호모-우시아' 유일신론 사상을 따르지 않는다는 이유로 로마 주교를 앞세워 알렉산드리아의 주교 디오니시오스를 압박했다면, 4세기 리비아 지역 주교들은 정반대 이유로 장로 아리오스를 앞세워 주교 알렉산드로스를 압박할 참이었다.

이집트 알렉산드리아

문제의 장로회 이후 아리오스는 성부-성자에 관한 자신만의 사상으로 알렉산드리아의 장로들을 포섭해 나가기 시작했고, 리비아 지역 주교들과 합세하여 이집트 남부 테베까지 세력을 넓혀 나갔다.[4] 테베 지역의 주교로부터 아리오스 추종 세력의 활동에 관한 소식을 전해 들은 주교 알렉산드로스는 321년 장로회를 소

---

3 소조메노스, 『교회사』 1.15.3.
4 에피파니오스, 『이단총록』 69.3.3-5.

집해 아리오스에게 공개 답변을 요구했고, 이에 대해 아리오스는 자신을 포함해 장로 6명과 집사 6명 그리고 리비아 지역 주교 2명과 장로 1명의 서명이 담긴 신앙 고백문을 제출했다.[5]

아리오스의 관점에서 성부-성자의 관계를 '호모-우시아'로 규정한다는 것은 (주교 알렉산드로스가 "교회에서나 지역 공의회에서 공공연히" 입 밖에 내고 다녔다던 표현을 그대로 빌자면) "어떤 한 시점에 성자가 낳음 받으셨거나 지음 받으셨다는 사실을 인정하지 않는다."라는 뜻이었다.[6] 그 말인즉슨, 아리오스 자신은 "유일하게 낳음 받으시지 않은" 하나님께서 어느 한 시점에 성자를 낳고부터 성부가 되셨다고 생각한다는 뜻이었다. 그에겐 성자라는 낳음 받은 '휘포스타시스'야말로 하나님께서 성부가 되기 이전에 누리신 유아독존唯我獨尊의 시간을 가리키는 증거였으며, 성자가 아직 "존재하시지 않았던" 그 부재의 시간이야말로 성부의 낳는 '우시아'와 성자의 낳음 받은 '우시아'를 서로 다른 별개로 구별 지어야 할 근거였다. 아리오스의 유일신론 사상에서 하나님에게 합당한 '우시

---

5 아리오스 추종파 장로 6명(아리오스, 아킬라스, 에탈레스, 카르포네스, 사르마타스, 그리고 아리오스B)은 알렉산드리아 전체 장로회에서 약 1/3 규모를 차지했다. 6명의 집사는 유조이오스, 루키오스, 율리오스, 메나스, 헬라디오스, 그리고 가이오스였다. 리비아 지역의 주교 2명은 세쿤도스와 테오나스였고, 장로 1명은 피스토스였다. 이들에 관해 아리오스, 「주교 알렉산드로스에게 보내는 신앙 고백문, 318-320년」 6.5 참고.

6 아리오스, 『주교 알렉산드로스에게 보내는 신앙 고백문』 6.2-5.

아'는 "유일하게 낳음 받으시지 않고, 유일하게 영존하시며, 유일하게 시작이 없으시되 … 모든 것을 시작하신" 초시간적 신성이었고, 그런 '우시아' 신성을 지닌 유일한 하나님은 성부라 불리시게 된 한 분 뿐이었다.

아리오스는 성부에게서 "낳음 받으셨으되 낳음 받은 모든 것 중에서 어느 하나같지 않으신" 성자의 '우시아'가 다른 모든 피조물의 것과 절대 구별되어야 할 근거도 절대 다른 시간 차원에서 기원했다는 연유에서 찾았다. 그에 따르면, 세상이 창조된 이후 역사적 시간 속에서 낳음 받은 피조물들과 달리 성자는 유일하게 "영원의 시간 속에서" 낳음 받으신 존재였다. 비록 다른 피조물과 차원이 다른 시간대에 낳음 받으신 성자일지라도 성부 앞에서 부재한 시간이 있었다는 아리오스의 유일신론 사상은 성부의 초월성과 유일성에 방점을 찍은 사상이었다. 성자가 아직 존재하시지 않았던 그 부재의 시간은 성자에게조차 영원한 신비로 감추어져 있다가 성부가 의지를 발휘해 허락하시는 만큼만 알려지는, 오롯이 성부만의 시간이었다.[7] 아리오스의 유일신론 사상에서 '우시아'는 시간과 밀접하게 관련된 개념이었고, 시간은 지혜와 관련된 개념이자, (지혜의 정도에 따른) 존재의 변화와 관련된 개념이었다. 그를 심의하던 장로 중 한 사람이 "그렇다면 하나님의 말씀인 성

---

7 아리오스, 『향연』 (발췌, 아타나시오스 (알렉산드리아 주교), 『아리미눔-셀레우키아 공의회 비평』 15).

자도 사탄처럼 악한 존재로 변하실 수 있다는 말입니까?"라고 묻자, 아리오스 측은 "그렇습니다, 낳음 받으셨기에 성자의 속성 역시 변하실 수 있습니다."라고 대답했다.[8]

장로회 심의 이후, 주교 알렉산드로스는 아리오스 추종파에 속한 장로들의 권한을 박탈하고, 그들이 맡은 교구 교회에 대해서도 집회 금지 명령을 내렸다. 아리오스는 자신의 사상을 철회하는 대신 비밀리에 집회를 이어가며 본토 내 장악력을 높여가는 한편, 본토 밖 주교들에게 사람과 편지를 보내 장로직 복권과 집회 재개를 위해 목소리 내줄 것을 청탁했다.[9] 이에 킬리키아 지역 아나자르보스의 주교 아타나시오스 같은 이들은 아리오스에 대한 공개 지지 선언으로 알렉산드로스 주교를 압박했다.[10] 카이사레이아의 주교 에우세비오스는 (티레의 주교 파울리노스 그리고 스키토폴리스의 주교 파트로필로스와 더불어) 팔레스티나 지역 교협의 이름으로 보낸 편지에서 한 명의 주교 아래 여러 장로가 교구 교회를 맡아

---

8 알렉산드로스 (알렉산드리아 주교), 「동방 지역 주교들에게 보내는 편지, 324년」 4b.10.
9 이때 알렉산드리아 교회의 장로 1명(카를로스)과 집사 4명(세라피오스, 파람몬, 조시모스, 그리고 이레나에오스)이 추가 동참했다(이들에 관해 알렉산드로스 (알렉산드리아 주교), 「알렉산드리아 장로들에게 보내는 편지, 319년」 4a 참고). 리비아 서부 펜타폴리스 지역에선 베로니케의 주교 다키오스, 바르케의 주교 조피로스, 보레이온의 주교 센티아노스가 추가 동참했다(이들에 관해 필로스트로기오스, 『교회사』 1.8 참고).
10 아타나시오스 (아나자르보스 주교), 「알렉산드리아 교회에 보내는 편지, 322년」 11.

온 알렉산드리아 교회의 오랜 전통을 언급하면서, 이에 따라 알렉산드로스는 장로들의 자치권을 인정하고 아리오스는 주교의 권위에 복종함으로써 교회의 화평을 회복하는데 서로 힘쓸 것을 권면했다.[11]

323년 9월, 주교 알렉산드로스는 이집트와 리비아 전역에서 주교들을 소집했고, 지역 공의회를 거쳐 아리오스 및 그의 추종 세력을 파문하고 추방했다. 그리고서 파문자들의 명단과 함께 이들을 받아들이지 말라는 당부가 적힌 편지를 "이집트와 테베, 리비아, [리비아 서부] 펜타폴리스, 시리아, 리키아, 팜필리아, 소아시아, 그리고 카파도키아 및 주변" 등 지중해 동부권에 걸쳐 70여 명의 주교들에게 보냈다.[12] 아리오스 추종파가 일으킨 사태를 두고 "이음매 하나 없이 온전한 그리스도의 옷을 찢는 행위"였다고 총평한 주교는 십자가 죽음에 관한 해석의 차이를 사태 원인이자 추방 사유로 짚었다.

> 그들은 그리스도를 거부했던 유대인들의 [산헤드린] 공의회 같

---

11 에우세비오스 (카이사레이아 주교), 「알렉산드리아 교회에 보내는 편지, 321/2년」 10.
12 "이집트와 테베, 리비아, [리비아 서부] 펜타폴리스, 시리아, 리키아, 팜필리아, 소아시아, 그리고 카파도키아 및 주변", 알렉산드로스 (알렉산드리아 주교), 「테살로니카의 주교 알렉산드로스에게 보내는 편지, 324년」 14.59. 주교 70여 명에 관해 에피파니오스, 『이단총록』 69.4.3 참고.

은 모임을 따로 만들었습니다. 그리고 우리 구주의 신성을 부정하고 도리어 모든 사람과 동등하다고 선포했습니다. 우리의 구원을 위해 행하신 모든 일들과 겪으신 모든 수난을 그 증거로 내세웠습니다.[13]

십자가 죽음을 두고 장로 아리오스가 "성부를 다 알지 못하시는" 성자와 "차원이 다른 '우시아'를 지니신" 성부 사이 차이를 강조할 때, 주교 알렉산드로스는 "우리 때문에 추가로 받으신" 수난이라며 도리어 성자와 사람 사이 차이를 강조했다.[14] 반대급부로 성부와 성자 사이에 관해서 본래부터 영원토록 변함없이 낳고 낳음 받는 상호 귀속 관계를 강조한 주교의 호소는 진작부터 오리게네스가 외쳤던 유일신론 사상의 메아리였다.[15]

---

13 알렉산드로스 (알렉산드리아 주교), 「테살로니카의 주교 알렉산드로스에게 보내는 편지, 324년」 14.4. 편지에서 알렉산드리아의 주교는 온갖 술수와 거짓 모함 그리고 여성들을 동원한 선동 같은 도덕적 오류를 근거로 아리오스와 그 추종 세력의 이단성을 추가 비판했는데, 이 모든 오류의 뿌리는 성경 해석의 오류라고 진단했다(이와 관련해 테오도레토스, 『교회사』 1.3; 에피파니오스, 『이단총록』 69.4.3 참고).

14 "성부를 다 알지 못하는", 아리오스, 『향연』 (아타나시오스 (알렉산드리아 주교), 『아리미눔-셀레우키아 공의회 비평』 15.18). "성자와 다른 '우시아'를 지닌", 아리오스, 『향연』 (아타나시오스 (알렉산드리아 주교), 『아리미눔-셀레우키아 공의회 비평』 15.35). "우리 때문에 추가로 받으신", 알렉산드로스 (알렉산드리아 주교), 「테살로니카의 주교 알렉산드로스에게 보내는 편지, 324년」 14.37.

15 알렉산드로스 (알렉산드리아 주교), 「테살로니카의 주교 알렉산드로스에게 보내는 편지, 324년」 14.26: "마땅하게도 성부는 언제나 성부로 존재하십니다. 영존하시는 성자의 아버지로서 성부입니다. '성자'라고 불리시는 존재가 있기에 상대적으로 '성부'라고 불리실 수 있는 것입

팔레스티나 카이사레이아

알렉산드리아에서 추방당한 아리오스가 선택한 망명지는 팔레스티나였다. 그렇게 아리오스는 앞서 3세기 초[232년] 당시 알렉산드리아의 주교 데메트리오스와 갈등을 겪은 끝에 알렉산드리아를 떠나 팔레스티나에 정착한 오리게네스의 발자취를 뒤따랐다. 당시 두 팔 벌려 오리게네스를 환영한 이가 카이사레이아의 주교 테오크티스투스였다면, 이번에도 알렉산드리아에서 망명한 또 한 사람의 신학 사상가를 맞이해준 카이사레이아의 주교는 오리게네스를 흠모하고 따르던 에우세비오스[재임 314-339년]였다.[16] 팔레스티나 제1 항구 도시 카이사레이아가 지중해 제1 항구 도시 알렉산드리아의 축소 모형이었다면, 알렉산드리아 교회를 떠나야 했던 신학 사상가들의 망명지로서 카이사레이아 교회는 알렉산드리아 교회의 대안 모형이었다.

314년에 카이사레이아 교회의 주교가 되기 전 에우세비오스

니다. 성부는 언제나 성자와 함께 계십니다. 성부는 영원토록 완전하시므로 그의 선함은 전혀 부족하지 않습니다. 그래서 독생자를 낳으시되 일정 시간 동안만 낳으시는 것도 아니고, 일정 시간 후에 낳으시는 것도 아니며, 무존재에서 유존재로 낳으시는 것도 아닙니다."

16 에우세비오스는 아리오스가 겪은 갈등의 원인을 (오리게네스의 경우와 마찬가지로) 유명한 신학 사상가를 향한 주교의 "시샘"이라고 보았다. 이와 관련해 에우세비오스 (카이사레이아 주교), 『콘스탄티누스 황제의 일생』 2.61-62; 3.4 참고.

는 '오리게네스 기념' 서원의 제2대 원장이었다. 그가 초대 원장 팜필로스[대략 240-310년]와 함께 그리고 307년부터 그의 뒤를 이어서 수집, 정리하고 연구한 주요 자료는 대선생 오리게네스의 문헌 유산이었다.[17] 그의 선생이자 선임 팜필로스는 로마 황제를 위해 분향하기를 거부했다는 이유로 로마령 시리아·팔레스티나 총독의 감옥에 투옥된 307년부터 순교를 맞은 310년까지 오리게네스의 사상을 둘러싼 오해를 해명하는 데 남은 생애를 바쳤다. 이 기간에 에우세비오스는 선생이 감옥에서 작성한 초안 원고를 받아 서원 자료를 바탕으로 다듬어 총 5권으로 편집했고, 선생 사후에 에필로그 성격으로 저술한 제6권을 추가해서 『오리게네스를 위한 대변』이란 제목으로 편찬해 세상에 내놓았다.[18]

이 공동 저술에서 선생 팜필로스와 제자 에우세비오스가 가장 먼저 바로잡은 (즉, 가장 먼저 잘라내야 할 오해의 싹이라고 판단한) 소문은 성자가 낳음 받으시지 않았고 대신 성부의 '우시아'가 발출

---

17 팔레스티나 출신의 팜필로스는 알렉산드리아에서 "오리게네스 제2세"로 불리던 피에리오스 아래 유학했고, 알렉산드리아를 떠나 팔레스티나 카이사레이아에 정착한 이후로 오리게네스의 학당을 재건하는 과정에 서원을 설립했다. 에우세비오스는 팜필로스 학당에서 공부했고, 팜필로스가 황제 숭배를 거부하고 로마 당국에 붙잡혀 투옥된 307년부터 점차 학당과 서원을 맡아 관장했다. 카이사레이아의 '오리게네스 기념' 서원은 7세기 도시를 점령한 아랍인들의 방화로 소실되었다.

18 포티오스, 『비블리오테카』 118. 현재 이 책은 루피누스(345-411년)가 라틴어로 번역한 제1권만 발견, 보존되었다.

된 현상일 뿐이라고 오리게네스가 가르쳤다는 식의 주장이었다.[19] 팜필로스와 에우세비오스는 이러한 주장이 오리게네스가 아닌 사벨리오스나 발렌티노스의 '호모-우시아' 사상이라고 분명히 선을 그으면서, 성자에 관해 성부에게서 낳음 받아 고유한 '휘포스타시스' 신격체로 존재하시는 독생자라고 여러 저술에서 일관되게 강조한 오리게네스의 가르침을 반박 자료로 제시했다.[20] 『오리게네스 대변』과 비슷한 시기에 단독 저술한 『복음의 증명』에서도 에우세비오스는 비슷한 주장을 이어갔다. '우시아'를 포함해서 성자가 모든 면에서 성부와 "완전히 닮은 형상"임을 강조하는 맥락에서 (그러니까, 성부와 마찬가지로 영존하시는 존재이기에 "특정 시점 이전에 존재하지 않으시다가 이후부터 존재하지 않으셨음"을 강조하는 맥락에서) 에우세비오스는 성부-성자 사이에 유일한 차이로 결국은 '휘포스타시스' 차원에 속한 "격차"를 강조하고 또 강조했다.[21]

이토록 성부-성자 사이 구별된 '휘포스타시스'를 자기 유일신론 사상의 기조로 삼고 있던 에우세비오스에게 "아리오스가 '성자가 존재하시지 않았던 시간이 있다.'라고 가르친다더라."라는 식

---

19 팜필로스, 『오리게네스 대변』 1.87-107.
20 팜필로스, 『오리게네스 대변』 1.91-92, 106.
21 에우세비오스 (카이사레이아의 주교), 『복음의 증명』 4.3. 에우세비오스에게 이 "격차"는 먼저 존재한 아버지와 나중에 존재한 아들 사이 시간적 차이가 아니라, (오리게네스가 앞서 밝혔듯이) 낳는 아버지와 낳음 받는 아들 사이 사회적이고 관계적 차이를 의미한다.

으로 알렉산드리아에서 들려오는 먼 소문보다 "주교 알렉산드로스는 마치 리비아인 사벨리오스 같이 가르치더군요."라는 식으로 아리오스가 귀에 대고 한 말이 훨씬 더 크고 심각한 소리로 들렸다. 에우세비오스와 아리오스와 사이는 공동으로 지지하는 오리게네스의 '휘포스타시스' 사상보다는, 공동으로 혐오하는 사벨리오스의 '호모-우시아' 사상을 매개로 이루어진 연대였다.

팔레스티나 지역 카이사레이아에 안착해 가며 급한 숨을 돌린 아리오스는 자기 사상의 기조와 함께 알렉산드리아에서 겪은 사태의 발단 과정을 편지에 담아 비티니아 지역 니코데미아의 주교 에우세비오스에게 보냈다. 그의 친아버지 암모니오스가 찾아가 직접 전할 만큼, 현재 동로마의 정제^{아우구스투스} 리키니우스^{재위 308-324년}와 그의 아내 콘스탄티아로부터 신임 받는 니코메디아의 주교가 자신의 후원자가 되어 주길 바라는 그의 기대는 고스란히 편지에 묻어났다.[22]

---

22 325년 니케아 전역 공의회 이후 아리오스의 저술은 조직적으로 폐기처리되었고, 그에 관한 기록들은 주로 반대파에 의해 지엽적이고 편향적으로 작성된 데다가 그마저 후대의 필요에 따라 재활용되었다. 따라서 제한된 자료를 바탕으로 공의회 이전 아리오스가 연루된 초기 사건을 연대순으로 재구성하기란 지극히 난해한 작업이 되었고, 그만큼 다양한 연구안이 제기되었다. 니코메디아의 주교 에우세비오스가 아리오스를 지지한 선언이 알렉산드리아 교회의 분쟁에서 로마 전역의 교계 분쟁으로 확산하는 분수령이 되었기 때문에, 아리오스가 니코메디아의 에우세비오스에게 편지를 보내 지지를 요청한 시점이야말로 연대 재구성 작업에서 가장 중요한 퍼즐 조각이다. 이 시점에 관한 제안 연도는 초기 연구에서 제시한 318년에서(Opitz, 1934) 321-322년을

그 [알렉산드리아] 주교가 저희 무리를 헤집고 다니며 심하게 괴롭히고 있고 또 우리를 궤멸하려는 온갖 악한 계략을 꾸미고 있기 때문인지, 귀하께서 [성명서 발표를 통해] 하나님과 그리스도로 말미암는 본연의 사랑과 애정 어린 마음으로 곳곳에 있는 우리 형제들을 보듬어주셨다고 들은 말이 생각나는 요즘이었습니다. 때마침 저의 아버지께서 니코메디아를 방문하신다길래 그편에 귀하께 인사 드리는게 합당하고 시의적절하다고 여겼습니다. … 저희는 그저 "성자는 시작이 있으시나 [성부] 하나님은 시작이 없으시다."라고 가르쳤다는 이유로 핍박받고 있습니다. "성자는 무존재에서 생겨나셨다."라고 가르쳤다는 이유로 괴롭힘당하고 있습니다. 저희가 그렇게 말한 이유는 [영지주의자들의 주장과 달리] 성자는 하나님에게서 떨어져 나오신 일부도 아니고, 하나님의 본체 일부를 재료 삼아 만들어지신 분도 아니기 때문입니다.[23]

거쳐(Williams 2002; Pavis, 2006) 최근 323-324년으로(Behr, 2004; Brenneck, 2007), 점점 니케아 전역 공의회로 가까워지는 경향을 보인다. 이 책에서 나는 콘스탄티누스의 동진이 양측의 세력 규합 시도를 촉발했었다는 맥락 속에 편지의 작성 시기를 324년으로 잡았고, 이를 기준으로 관련 사건들을 연대순으로 재구성했다.

[23] 아리오스, 「니코메디아의 주교 에우세비오스에게 보내는 편지, 324년」 1.3-5. 아리오스가 자신의 "형제"로 일일이 언급한 이들은 카이사레이아의 에우세비오스를 비롯한 테오도토스, 파울리노스, 아타나시오스(아나자르보스 주교), 게오르기오스, 아이티오스, 필로고니오스, 헬리니코스, 그리고 마카리오스였다. 가장 먼저 언급한 카이사레이아의 에우세비오스에 관해 아리오스는 "귀하의 형제"라는 특별 수식을 덧붙였는데, 이 수식은 카이사레이아의 에우세비오스가 언급한 지지 세력의 구심점 노릇했음을 암시하며, 또한 동명이인의 에우세비오스 사이를 유대감으로 이어주려는 아리오스의 의도를 보여준다. 니코메디아의 에우세비오스가 발표한 아리오스에 대한 지지 성명서 관련해 「비티니아 지역 공의회 성명서, 324년」 5; 소조메노스, 『교회사』 1.15.10 참고.

3세기 오리게네스로부터 테오그노스토스를 거쳐 4세기 초 아리오스의 시대에 이르러서도 '호모-우시아'는 여전히 알렉산드리아의 영지주의자들에게 붙이는 인식표였다. 아리오스는 이토록 위험한 인식표를 주교 알렉산드로스에게 붙여 지중해권 교계 전체 앞에 내세우려는 야심 찬 의도를 "알렉산드리아의 주교가 '성자가 존재하시기 이전부터 하나님께서 스스로 존재하셨다'라고 말하는 모든 동방인을 정죄했습니다."라는 한 줄 문구에 담았다.[24] 니코메디아의 주교로부터 받은 답장 속 지지 선언에 힘입어 아리오스는 『향연』이란 글 제목 아래 자신의 유일신론 사상을 마저 정리, 종합하면서 알렉산드리아의 주교 세력과 대회전을 치를 채비를 마쳐나갔다.

니코메디아는 아리오스의 야심 찬 계획을 실현 가능케 해줄 정치적 영향력을 갖춘 황궁 도시였으나, 정작 이 시기 동로마의 정제 리키니우스는 그리스도교 신자들을 황궁에서 내보내고 그리스도교도의 모든 집회를 도성 밖으로 몰아냈다. 이들을 다시 도성과 황궁 안으로 불러들인 이는 크리소폴리스 전투에서[324년 9월] 리키니우스를 최종 제압하고 서로마와 동로마의 통합 황제로 등극한 콘스탄티누스 1세[재위 272-337년]였다. 니코메디아에 입성하자마자 콘스탄티누스는 알렉산드리아의 주교 알렉산드로스와 장로 아리

---

24 아리오스, 「니코메디아의 주교 에우세비오스에게 보내는 편지, 324년」 1.3.

오스에게 편지를 보내서 동방 국경까지 진격하려던 자신의 최우선 계획을 보류하고서라도 두 사람이 "성찬 교제"를 회복할 때까지 "권면이나 주의 혹은 엄중한 경고" 등 가용한 모든 수단과 방법을 가리지 않겠다는 개입 의사를 밝혔다.[25]

콘스탄티누스가 니코메디아에서 맞은 상황은 대략 10년 전 서로마의 정제 막센티우스[재위 306-312년]를 제압하고 나서 북아프리카 카르타고 교회의 분쟁[일명, 도나투스 분쟁]에 발목 잡혀 동방으로 진격을 멈춰야 했던 상황의 '데자뷔'였다. 그렇기에 현재 분쟁의 해결책으로 곧 소집할 공의회는 과거 교회 분쟁의 해결책으로 갈리아[프랑스] 지역에서 소집했던 314년 아를 서방 지역 공의회의 '데자뷔'였다.[26] 다만 그사이 '전승자[戰勝者]' 콘스탄티누스가 서로마의 부제[시저]에서 정제로, 더 나아가 서로마의 정제에서 로마의 통합 황제로 올라선 위상과 더불어 그가 소집한 공의회의 위상도 지역 규모에서 "유럽

---

25 콘스탄티누스 황제, 「알렉산드리아 교회에 보내는 편지, 324년」 17.11-15.

26 313년 당시 갈리아 지역에 주둔했던 콘스탄티누스는 로마 주교 밀티아데스에게 카르타고 교회의 분쟁을 해결할 중재자 역할을 맡기면서 갈리아 지역의 주교 3명을 참관인으로 파견했다. 하지만 로마 주교가 중재보다는 도나투스파에 대한 일방적 정죄로 공의회를 결론짓자, 도나투스파는 콘스탄티누스 앞에서 직접 해명할 기회를 요청했다. 이에 콘스탄티누스는 도나투스파의 요청대로 갈리아의 남부 도시 아를에서 갈리아 지역의 주교들을 공의회로 소집했다. 313년 로마 주교에게 교회 분쟁 해결을 맡긴 방식은 3세기 황제 아우렐리우스 (재위 270-275년)가 시리아 안티오키아 교회의 분쟁을 처리했던 선례를 따른 것이며, 314년 아를에서 직접 공의회를 소집한 방식은 325년 니케아 전역 공의회의 선례가 되었다.

대륙, 리비아[즉, 동북아프리카] 대륙, 그리고 아시아 대륙"을 아우르는 로마 전역 규모 그 이상으로 커졌다.[27] 콘스탄티누스는 북아프리카 카르타고 지역의 교계 전체가 갈등을 겪었던 지난 분쟁과 비교해서 이번 분쟁의 소지는 철학자들 사이에 생겨난 개인적 견해차만큼이나 "지극히 사소한" 나머지 사법권의 개입이 필요한 경우 자체가 아니라는 식으로 판단했고, 그만큼 속전속결 짓겠다는 '전승자'다운 포부와 자신감을 숨기지 않았다.[28]

---

27 에우세비오스 (카이사레이아 주교), 『콘스탄티누스 황제의 일생』 3.7.1: "유럽, 리비아, 그리고 아시아 대륙에 세워진 모든 교회에서 엄선된 하나님의 종들이 한자리에 모였습니다. 하나님께서 이 때를 위해 친히 예비하신 기도의 집은 시리아와 킬리키아, 페니키아와 아라비아, 그리고 팔레스티나에서 참석한 [아시아] 대표들에다 이집트와 테베 그리고 리비아에서 참석한 [아프리카] 대표들, 게다가 메소포타미아 지역에서 참석한 대표들까지 모두 수용할 수 있을 만큼 드넓었습니다. 심지어 페르시아 지역에서 대표로 참석한 주교도 한 명 있었고, 스키티아 지역에서도 빠지지 않았습니다. 폰투스와 갈라디아, 카파도키아와 아시아, 프리기아와 팜필리아 지역에서도 [유럽] 대표를 선별해 보냈습니다. 트라키아와 마케도니아, 아카이아와 에피루스, 그리고 북부 내륙 지역에서도 대표들이 참석했습니다. 히스파니아 지역에서 대단히 유명하다는 그 인물도 이 대회에서 한 자리 차지했습니다. 제국 도시 [즉, 로마]의 주교는 노령으로 불참했으나, 그를 돕는 장로들이 대리 참석했습니다. 콘스탄티누스는 평화의 매는 줄로 하나의 화관을 엮어서 대적들을 물리치게 해주신 승리에 대한 감사로 구세주께 바침으로써 사도들의 것과 닮은 공의회를 우리 시대에 재현한 최초의 통치자였습니다."

28 콘스탄티누스 황제, 「알렉산드리아 교회에 보내는 편지, 324년」 17.11-15.

시리아 안티오키아

지난번에 이어서 이번에도 분쟁 당사자들에게 황제의 중재 의사를 전달한 대변인은 히스파니아^{스페인} 지역 코르도바의 주교 호시우스[256-359년]였다. 그가 황제의 편지와 함께 알렉산드리아를 방문한 324년 10월 당시에 주교 알렉산드로스는 이집트와 리비아에서 참석한 주교와 장로 수만 합쳐서 100여 명에 육박하는 지역 공의회를 소집하던 중이었고, 그 끝에 『향연』에서 명백하게 드러난 아리우스의 사상을 비판하고 정죄하는 성명을 발표했다. 서쪽 로마부터 동쪽 아라비아까지, 남쪽 테베부터 북쪽 아르메니아까지 지중해 전역의 주교들에게 편지를 보내 성명서를 공유한 알렉산드리아의 주교는 덧붙인 편지에서 아리우스를 두둔하는 세력 위에 머리 노릇을 하는 니코메디아의 주교 에우세비오스의 감언이설에 속지 말 것을 신신당부했다.[29]

황제의 대변인 호시우스는 니코메디아로 돌아가는 길에 안티오키아를 거쳐 성명서와 편지를 직접 전했고, 324년 12월쯤 안티오키아의 주교 유스타티오스와 함께 사전 조사 위원회 성격의 지

---

29 약 200명의 동방 지역 주교들이 서명으로 동참했고(알렉산드로스 (알렉산드리아 주교), 「동방 지역 주교들에게 보내는 편지, 324년」 15.4 참고), 이에 맞서 비티니아 지역 교협은 아리우스를 지지하는 성명을 발표했다(에우세비오스 (니코메디아 주교), 「비티니아 지역 공의회 성명서, 324년」 5 참고).

역 공의회를 소집했다. 시리아-팔레스티나 지역에서 참석한 50여 명의 지역 주교들과 함께 채택한 잠정적 결론 성격의 성명서에서 서방 대표 주교와 동방 대표 주교는 아리오스를 대신해 알렉산드로스의 손을 먼저 들어 주었다.

> 우리는 성자만이 하나님의 유일한 형상이시라고 성경에서 배웠습니다. 이는 성자가 언제나 존재하시고 이전에 존재하시지 않은 적이 단 한 번도 없었음을 의미합니다. … 우리는 성자에 관해 [성부와 마찬가지로] 변화도 변형도 없으신 분이라고 믿습니다. … 우리는 성자에 관해 그 누구에게서도 낳음 받으시지 아니한 성부에게서 낳음 받으신 하나님의 말씀이고, 참 빛이며, 모든 사람의 주와 구원자라고 고백합니다. … 성경은 성자에 관해 모든 면 중에서 특별히 불변한다는 면에서 성부의 형상이시라고 선포하고 있습니다.[30]

추가 설명에서 의장 호시우스는 "우리"라는 황제파에게 속하지 않은 "저들"에 대해 "성자가 존재하시지 않은 시간이 있었다."라고 말하거나, 성자는 성부의 의지 유무에 따라 존재의 유무와 지혜의 정도가 변하는 피조물이라는 식으로 말하는 자들이라고 명확히 규정했다. 서방 카르타고 사태로 말미암아 황제에게서 정죄 받은 도나투스파에 비견될 동방 지역의 아리오스 추종파 가운

---

30 「안티오키아 지역 공의회록, 324년」 18.11.

데 호시우스가 가장 먼저 거명한 이들은 성명서에 서명하기를 거부한 팔레스티나 지역 카이사레이아의 주교 에우세비오스와 더불어 시리아 지역 라오디케아의 주교 테오도토스와 킬리키아 지역 네로니아스의 주교 나로키소스였다. "우리"에 속하지 않은 "저들"이 최종 변론하고 콘스탄티누스 황제가 최종 판결을 내릴 본 공의회 장소로 호시우스가 지목한 도시는 니코메디아가 속한 비티니아 지역의 도시가 아닌, 알렉산드로스를 지지하는 주교 마르켈로스의 도시인 갈라티아 지역의 앙키라였다.

아리오스는 아버지의 손에 배송을 맡긴 324년 편지 끝부분에서 니코메디아의 주교 에우세비오스를 향해 "우리는 루키아노스 동문회의 일원"이라고 부르며 서로 간 특별한 유대관계에 호소했다.[31] 루키아노스$^{240-312년}$는 동향 사모사타 출신의 주교 파울로스$^{200-275년}$와 함께 안티오키아 교회를 이끌던 장로였다가, 파울로스의 성자론 사상이 발단이 된 논란에도 함께 연루된 사상가였다. 루키아노스와 대척점에 섰던 장로 말키온의 주도로 268년에 소집된 안티오키아 지역 공의회가 다른 지역 주교들에게 발송한 보고서에 따르면, 파울로스는 "그리스도가 사람에서 성자가 되었다"라고 보지 않는 한 남은 유일한 선택지는 (영지주의자들이나 사벨리오스

---

31 아리오스,「니코메디아의 주교 에우세비오스에게 보내는 편지, 324년」 1.5.

2. 니케아로 가는 길   77

추종자들이 주장하는) '호모-우시아' 사상뿐이라고 파격 발언했다.³²

272년, 루키아노스는 파울로스와 함께 파문 받았지만, 그의 선생과 달리 얼마의 시간이 지난 후 안티오키아 교회와 성찬 교제를 회복했다. 이를 가능케 한 것은 312년 니코메디아에서 맞은 순교를 통해 그 스스로 입증한 "가장 고상한 신앙의 미덕" 뿐만이 아니라, 파울로스의 것과 차별화된 그만의 성자론 사상 덕분이었다.³³

루키아노스는 예수 그리스도의 영혼이 사람이 아닌 성자의 것이었다는 구별된 사상으로 예수 그리스도가 본래 사람으로 태어났다가 성자로 승격되었다는 파울로스의 '양자 입양론'adoptionism과 선을 그었고, 동시에 십자가 죽음에서 변화의 고통 받으신 성자를 변화의 고통과 무관하신 성부와 구별 지음으로써 사벨리오스의 '양태론'modalism과도 선을 그었다.³⁴ 루키아노스의 성자론은 (파울로스의 입양론에 맞서) 성자를 사람과 구별된 신적 '우시아'를 지닌 존재로, (사벨리오스의 양태론에 맞서) 성자를 성부와 구별된 '휘포스타시스'를 지닌 존재로 인정한 268년 안티오키아 공의회의 입장과 공존할 수 있었다. 280년대에 들어서 마침내 그 가능성을 인정

---

32 아타나시오스 (알렉산드리아 주교), 『아리미눔-셀레우키아 공의회 비평』 45.

33 "가장 고상한 신앙의 미덕", 에우세비오스 (카이사레이아 주교), 『교회사』 8.13.2.

34 이와 관련해 에피파니오스, 『확고한 신앙』 33; 에우세비오스 (카이사레이아 주교), 『복음의 증명』 7.1.24; 10.8.74 참고.

받은 루키아노스는 (파울로스 이후 돔누스와 티마이오스에 이어) 안티오키아의 주교좌에 오른 키릴로스와 마침내 성찬 교제를 회복했다.[35]

안티오키아에서부터 루키아노스를 따르기 시작한 에우세비오스는 자기 선생이 순교한 황제의 도시 니코메디아까지 뒤따라가 거기 주교가 되면서 명실상부한 "루키아노스 동문회"의 대표가 되었다.[36] 만약 아리오스 역시 안티오키아에서 루키아노스 아래 배운 제자였다면, 알렉산드리아를 영영 떠나면서 왜 바로 니코메디아의 에우세비오스가 아닌 카이사레이아의 동명이인에게 몸을 맡기며 명예 회복을 도모했을까? 사실, 안티오키아를 배경으로 맺어진 루키아노스와 아리오스 사이는 추정으로만 엮여 있어서 연결 고리가 매우 약한 데 반해서 알렉산드리아를 배경으로 맺어진 오리게네스와 아리오스 사이는 카이사레이아의 팜필로스와 에우세비오스라는 실존 사상가들로 엮여 있어서 끊기 어려울 정도로 연결 고리가 단단하다. 그렇다면 아리오스가 루키아노스의 대표 제자를 향해 "우리는 루키아노스 동문회의 일원"이라고 부른

---

35 268년 안티오키아 공의회의 입장에 관해 에피파니오스, 『이단총록』 73.12.2-3 참고.
36 니코메디아의 주교 에우세비오스를 필두로 루키아노스의 대표 제자는 킬리키아 지역 타르소스의 주교 안토니오스와 카바도키아 지역 카이사레이아의 주교 레온티오스였다(이와 관련해 필로스트로기오스, 『교회사』 2.3 참고). 루키아노스의 다른 제자들에 관해 이 책 부록1, "아리오스 범연합 세력(325년 전후)" 참고.

것은 과거의 학연에 호소하는 사실적 표현보다는 미래의 협력을 기대하는 유화적 표현에 가까운 것이었다.

그도 그럴 것이, 성부-성자 관계에 관한 신학 사상적 현안에서도 니코메디아의 에우세비오스와 아리오스 두 사람 사이엔 애당초부터 거리감이 있었다. 니코메디아의 에우세비오스는 '호모-우시아' 사상에 맞서 아리오스를 지지하되, 성부가 허락하는 의지만큼만 성자가 성부를 알 수 있다는 아리오스의 사상과는 거리를 두었다.[37] 니코메디아의 에우세비오스가 팔레스티나 티로스의 주교 파울로스에게 보낸 편지에서 글로 밝힌 그 자신의 생각은 아리오스의 것보다는 (팔레스티나 교협의 대표로서 이 편지를 회람했을) 카이사레이아의 에우세비오스의 것에 훨씬 가까웠다.

> 낳음 받지 않으신 자는 [성부] 한 분이고, 그에게서 낳음 받아 존재하시는 자는 또 다른 [성자] 한 분입니다. 성자는 낳음 받아 존재하시되 '우시아'에서 낳음 받지 않으셨기에 낳음 받지 않으신 자의 본성을 모두 공유하지는 않습니다. 설령 성부의 '우시아'에서 낳음 받으셨다 해도 그 본성과 능력에서 성자는 성부와 완전히 구별된 한 분입니다. 즉, 성자는 내적 본질과 외적 행위에서

---

37 니케아 전역 공의회에서 끝까지 아리오스를 지지하다 함께 정죄 받았던 리비아 프톨레마이스의 주교 세쿤도스와 마르마리케의 주교 테오나스마저 성부가 허락하는 의지만큼만 성자가 성부를 알 수 있다는 아리오스의 사상만큼은 동의하지 않았다. 이와 관련해 필로스트로기오스, 『교회사』 2.3 참고.

그를 지으신 분과 완전히 닮은 형상입니다.[38]

루키아노스의 대표 제자가 성부-성자 사이 '호모-이' 관계에 '우시아'마저 포함하는 데 회의적이었던 반면에 오리게네스의 대표 제자는 그마저 포함한 차이를 제외하면, 성자를 성부와 "완전히 닮은 형상"으로 이해하는 관점에서 두 주교의 사상은 이름만큼이나 서로 가까웠다. 아리오스의 망명과 편지를 계기로 두 동명이인은 성부-성자 사이 '호모-우시아' 사상에 맞서 '호모-이' 사상을 내세우는 범 연합 진영의 양대 중심축이 되었다.[39] 루키아노스와 대표 제자 에우세비오스와 함께 '호모-이' 사상의 중심축으로 떠오른 시리아 안티오키아에서 열린 324년 사전 조사 공의회는 이 사상의 또 다른 중심축인 오리게네스의 제자 에우세비오스를 정죄 대상으로 지목하여 본 공의회에 고발했고, 이 결정으로 소위 "에우세비오스 추종파"라고 불리게 될 '호모-이' 사상 범연합이 결집할 판이 본 공의회에 깔리게 되었다. 그럼에도 콘스탄티누스 황제의 진격을 멈춘 장본인이었던 아리오스를 끌어안은 이상 에우세

---

38 에우세비우스 (니코메디아의 주교), 「티레의 주교 파울로스에게 보내는 편지, 320/1년」 이와 비교해 에우세비오스 (카이사레이아의 주교), 『복음의 증명』 4.3 참고.

39 니코메디아의 주교 에우세비오스에게 보낸 324년 편지에서 아리오스는 자신의 후원자 9명의 이름을 일일이 언급하면서, 가장 처음 언급한 카이사레이아의 주교 에우세비오스에 관해서는 "귀하의 형제"라는 별도의 수식을 덧붙였다. 이와 관련해 아리오스, 「니코메디아의 주교 에우세비오스에게 보내는 편지, 324년」 1.3 참고.

비오스 추종파는 이집트 및 리비아를 제외한 다른 지역에서보다는 아리오스 추종파로 인식되었다.[40]

324년 안티오키아 지역 공의회는 아리오스처럼 (실은, 아리오스보다 더하게) 성부의 신성과 성자의 피조성 사이 극복 불가능한 초격차를 피력했던 파울로스를 정죄한 268년 안티오키아 지역 공의회의 재연이 되었다. 게다가, 268년 당시 파울로스의 변증은 324년 사전 공의회와 325년 본 공의회를 위한 예언이 되었다. 본 공의회를 소집한 콘스탄티누스 황제와 참석 주교들은 파울로스의 예언대로 성자를 성부와 '헤테로-우시아'를 지닌 완전한 피조물 아니면 성부와 '호모-우시아'를 공유하는 완전한 하나님으로 인정할지를 두고 양자택일해야 했다.[41]

비티니아 니케아

콘스탄티누스 황제는 편리한 교통과 쾌적한 날씨라는 두 가지 이유를 들어 양자택일의 최종 장소로 갈라티아 지역의 앙키라 대

---

40 반면에, 니케아 전역 공의회 이전 시기에 "아리오스 추종파"라는 명칭은 아프리카 이집트 및 리비아 지역에서 아리오스의 사상을 따르는 추종자들을 가리키는 좁은 의미로 사용되었다. 하지만 니케아 전역 공의회 이후부터는 「니케아 신경」에 반대하는 자들을 모두 포괄하는 넓은 의미로 사용되었다.

41 268년 파울로스의 발언에 관해 아타나시오스 (알렉산드리아 주교), 『아리미눔-셀레우키아 공의회 비평』 45 참고.

신 비티니아 지역의 니케아를 낙점했다.[42] 알렉산드리아의 주교가 알렉산드리아 항구에서 배편으로 출발해 니케아까지 여행한다손 치면 지중해와 아스카니아⁽튀르키예 이즈니크⁾ 호수를 거쳐 수상 교통 수단을 이용할 수 있다는 이점 탓에 내륙 도시 앙키라까지 여행할 경우와 비교해서 대략 10일 가량의 여정을 단축할 수 있었다. 편리한 교통은 (가장 멀리 떨어진 라틴어권 유럽 지역에서 참석하는 주교들과 수행원들을 포함해서) 가능한 많은 수의 참석자가 개회까지 제시간에 맞춰 일찍 도착할 확률을 높여주는 변수였다.[43] 갈라티아 지역의 덥고 건조한 내륙성 기후에 비해서 비티니아 지역의 쾌적한 해양성 기후는 많은 수의 참석자가 그해 5월부터 적어도 (콘스탄티누스의 재위 20주년 기념일인) 7월 25일까지 오래 머물 수 있는 확률을 높여주는 변수였다.

콘스탄티누스 황제는 앙키라로 소집하는 첫 번째 편지를 보낸 지 얼마 되지 않아 니케아로 소집 장소를 변경한다는 내용의 두 번째 편지를 보냈다. 더불어 (314년 아를 서방 지역 공의회의 선례를 따라) "공무용 역참 이용권"이나 (역참 제도가 닿지 않는 지역엔) "운

---

42 콘스탄티누스 황제,「니케아 전역 공의회 소집령, 325년」20.
43 라틴어권 유럽 지역에서 참석한 주교는 코르도바의 호시우스를 비롯해서 칼라브리아의 마르쿠스, 디종의 니카시우스, 판노니아 지역 스트리돈의 도누스 정도였고, 그 외에 로마 주교의 대리자 자격으로 장로 빅토리누스와 빈첸시우스가 참석했다. 라틴어권 북아프리카 지역에서 참석한 주교는 카르타고의 세실리아누스 정도였다.

송용 가축"을 보내 교통 편의를 제공했다.[44] 콘스탄티누스는 지중해를 둘러싼 유럽, 아프리카, 그리고 아시아 대륙을 대표하는 주교들을 엄선해 "곧 이루어질 일들의 목격자"로 초대했다. 이들에게 보여주려고 야심 차게 준비한 "처음 보는 경이로운 광경"에서 날마다 황제가 내려주는 풍족한 음식을 빼놓을 수 없었지만, 그중에서도 으뜸은 다름 아니라 황제 자신이었다.[45] 콘스탄티누스가 황궁 도시 니코메디아에서 더욱 가까운 니케아를 선택한 마지막 이유는 200명이 넘는 참석 주교들 앞에 '전승자'로서 자기 모습을 친히 보여주기 위함이었다.[46] 325년은 콘스탄티누스가 서로마 부

---

44 에우세비오스 (카이사레이아 주교), 『콘스탄티누스 황제의 일생』 3.6.1. 황제가 교통 편의를 제공한 선례에 관해 에우세비오스 (카이사레이아 주교), 『교회사』 10.5.21-24 참고.

45 "곧 이루어질 일들의 목격자", 콘스탄티누스 황제, 「니케아 전역 공의회 소집령, 325년」 20. "처음 보는 경이로운 광경", 에우세비오스 (카이사레이아 주교), 『콘스탄티누스 황제의 일생』 3.6.2. 참석한 주교들이 출발한 지역에 관해 에우세비오스 (카이사레이아 주교), 『콘스탄티누스 황제의 일생』 3.7.1. 참고.

46 314년 아를 서방지역 공의회로 소집 요청하는 편지에서 콘스탄티누스는 도시에 수용할 수 있는 최대 인구수를 고려해 지역 교회마다 참석할 수 있는 최대 인원을 6명(주교 1명, 장로 2명, 수행원 3명)으로 제한 했다(이와 관련해 에우세비오스 (카이사레이아 주교), 『교회사』 10.5 참고). 이 선례 방침을 당시 니케아 도시의 수용 규모에 적용하면, 공의회를 위해 니케아에 방문한 주교 인명 수는 대략 200-220명 규모이며, 이들과 동행한 수행단 인명 수는 대략 1,000-1,800명 규모이다. 250명 이상이었다는 기록에 관해 에우세비오스 (카이사레이아 주교), 『콘스탄티누스 황제의 일생』 3.8; 테오도레토스, 『교회사』 1.8.1 참고. 300명 이상이었다는 기록에 관해 소크라테스, 『교회사』 1.8; 소조메노스, 『교회사』 1.17 참고.

제직에 오른 지 20주년이었고, 니케아는 그 뜻대로 "전승자의 도시"였다. 본회 장소에 관한 그의 최종 선택은 아리오스를 반대하던 마르켈로스 주교의 도시 앙키라 대신 아리오스를 지지하던 테오그니스 주교의 도시 니케아였으나, 정작 안티오키아의 파울로스가 57년 전에 예언한 양자택일 중 그의 최종 선택은 아리오스의 '헤테로-우시아' 대신 '호모-우시아' 사상이었다.

〈요약 및 정리〉

325년 니케아 전역 공의회로 향하는 길이 알렉산드리아에서 시작된 것은 결코 우연이 아니었습니다. 당시 주교 알렉산드로스는 오리게네스 전통의 유일신 사상을 계승하고 발전시키며, 성자가 성부의 '우시아'로부터 영원히 낳음 받으신 분임을 고백했습니다. 그렇게 훗날 '호모^{동일}-우시아'라는 표현이 성부-성자 관계에 적용될 수 있는 길을 열어 놓았습니다. 반면 장로 아리오스는 사벨리오스 사상에 뿌리를 둔 이 용어를 거부하고, 성자를 시간 속에서 낳음 받은 피조물로 보며 성부와는 '헤테로^{다른}-우시아'를 지닌다고 주장하며 주교에게 맞섰습니다. 이단의 용어를 거부한 아리오스가 보수주의자였다면, 그것을 새롭게 정의해 수용한 알렉산드로스는 진보주의자였습니다. 이들 사이에서 '호모이^{유사}-우시아'를 주장하던 동명이인의 두 에우세비오스는 각각 팔레스티나와 비티니아 교협을 대표하여 아리오스의 편에 섰습니다. 이들은 성부와 성자가 '호모-우시아'를 공유한다면 '휘포스타시스'도 하나일 수밖에 없다는 사벨리오스와 정반대 지점에 서 있었고, 성자의 '휘포스타시스'가 성부의 것과 다르다고 본 아리오스와 연대할 수 있다고 판단했습니다. 그러나 사도 전통의 거점이었던 서방 로마 주교와 동방 안티오키아 주교가 알렉산드리아 주교를 지지하면서 대세는 점차 '호모-우시아'로 기울어 갔고, 이런 정황 속에서 324년 말에 열린 안티오키아 지역 공의회는 이듬해 325년 6월 열릴 니케아 전역 공의회의 향방을 가늠하는 전초전이 되었습니다.

〈이해 / 적용 / 해석〉

[이해] 아리오스가 성자를 하나님이 아닌 피조물의 으뜸으로 본 이유를 유일신 사상과 연결해 어떻게 설명할 수 있을까요? 동명이인의 두 에우세비오스가 아리오스와 손잡고, 로마-알렉산드리아-안티오키아의 주교들과 대척한 이유는 무엇이었을까요?

[해석] '호모-우시아'는 본래 사벨리오스와 그 추종자들이 성부-성자-성령이 세 분이 아니라 한 분이심을 주장하고자 사용한 핵심 표현이었습니다. 당신이 4세기에 살았다면, 아리오스 장로처럼 이 표현을 거부했을까요, 아니면 알렉산드로스 주교처럼 새로운 개념을 담아 수용했을까요?

[적용] 당신은 어떤 표현으로 자신의 신앙을 자주 고백하거나 설명하나요? 오늘날 교회 안에서 자주 쓰이는 신앙의 언어들은 어떤 상황과 필요 속에서 자리 잡았다고 생각하나요?

3

니케아 야간 전투

SYMBOLUM
NICAENUM

SYMBOLUM NICAENUM

3. 니케아 야간 전투

325년, 5월에 들어서면서 아스카니아^{현재, 이즈니크} 호변의 도시 니케아는 유례 없이 많은 방문자로 북적이기 시작했다. 숙소에 여장을 푼 이들이 앞다투어 향한 곳은 멀리서 봐도 "하나님께서 손수 넓혀 주신듯한" 인상을 받을 만큼 제법 큰 규모로 재건축된 "기도의 집", 즉 바실리카 양식의 교회였다.[1] 그곳에선 벌써부터 아리오스 범 연합파와 반대파가 상대방을 탐색하는 전초전이 벌어지고 있었다. 설전에 나선 전위대원은 알렉산드리아 교회의 집사 아타나시오스 같은 주교 수행원들이었고, 설전을 지켜보면서 호응하는 소리로 전황을 중계한 관객은 수사학 학생들이 포함된 다수의 평신도였다. 5월 20일경부터 시작된 전초전을 일단락시킨 종식자

---

1 에우세비오스 (카이사레이아 주교), 『콘스탄티누스 황제의 일생』 3.7.

는 소수의 학식자가 아닌 다수의 고백자였다. 한 고백자가 나서서 "그리스도와 사도들이 우리에게 가르쳐 전해 준 것은 변증이나 수사 혹은 세 치 혀 놀림이 아니라 믿음과 선행으로 보존되어 온 단순함"이라며 찬물을 끼얹자 과열되어 가던 현장 분위기는 한순간 가라앉았고, 이내 논쟁 당사자들마저 한 발씩 물러나 휴전에 돌입했다.[2] 니케아에 집결한 주교들의 다수는 동방 정제 막시미누스재위 311-313년와 리키니우스재위 308-324년 시절에 눈이 뽑히거나 다리 힘줄이나 팔이 잘린 자들로 구성된 고백자들이었고, 6월 초 니케아에 나타나 이 "고백자들의 군대"를 이끈 총지휘관은 리키니우스를 제압한 '전승자' 콘스탄티누스였다.[3] 고백자들의 군대가 지켜보는 앞에서 콘스탄티누스는 이집트 테베에서 참석한 주교 파프누티오스를 맞아 막시미누스의 핍박 때 뽑힌 그의 오른쪽 눈 부위에 입맞춤하며 극진한 존경을 표했다.[4] 노령의 주교 크리산토스와 무소니오스는 니케아 공의회 도중 별세하였으며, 사전 논의가 이루어졌던 현지 교회에 안장되었다.[5] 니케아 전역 공의회에서 펼쳐진

---

2 소크라테스, 『교회사』 1.8.
3 테오도레토스, 『교회사』 1.6.
4 루피누스, 『교회사』 10.4.
5 2014년, 콘스탄티누스의 별궁이 있던 호변 부지에서 남쪽으로 약 100m 떨어진 호숫가에서 수위가 낮아지면서 바실리카 양식의 교회 터가 드러났다. 이 교회는 순교자들의 공동묘지 중앙에 세워졌으며, 건물 내부에서만 최소 18기의 무덤이 발견되었다. 동로마 황제 바실레이오스 2세가 985년 경에 제작한 '메놀로기온'(성인 달력집)에서는 1월 21일을 니케아의 순교자 네오피토스에게 할애하며, 303년에 그가 순교

전투의 향방을 결정지은 세력은 제국의 통합과 일치를 최우선 목표로 삼는 군인 황제와 더불어 사도들로부터 전해 받은 단순한 신앙을 몸으로 지켜온 군인 주교들이었다.

출사표

6월 14일, 북문 구역으로 몰려간 주교들이 도달한 곳은 황실 별궁이었다.[6] '트리클리니움'이라고 불리는, 별궁에서 가장 크고 가장 화려한 중앙 연회장으로 입장한 그들 앞에는 좌우 대칭으로 도열된 각자의 지정석이 기다리고 있었다. 이전에 본 적 없던 거대 공간을 가득 채우고도 남을 주교들의 "침묵"을 처음 깨뜨리며 중앙 복도를 가로질러 나온 세 무리의 황실 근위대는 칼을 찬 군인들이 아닌 황족들이었다. 뒤따라 등장한 콘스탄티누스는 자신을 주목하는 어떤 이보다 크고 건장한 몸을 "하나님의 천사"처럼

당하는 장면을 묘사한 성화의 배경을 성벽 밖 호숫가로 설정했다. 이러한 점에서 최근 발견된 호변 교회는 네오피토스 집사를 비롯해 크리산토스와 무소니오스 주교가 묻힌 장소이자, 니케아 공의회 이전에 주교들이 사전 논쟁을 벌인 역사적 장소로 주목받고 있다. 이와 관련해 Fairchild (2024), 114-51; Mango (2005), 30-32 참고.

6 니케아 공의회를 묘사한 프레스코 벽화에 배경으로 자주 등장하는 성벽은 별궁의 위치를 추정하는 데 유용한 단서가 된다. 별궁이 북문 구역에 있었을 가능성을 뒷받침하는 첫 번째 근거는 이 구역의 성벽이 도시 전체에서 가장 두껍고 견고하다는 점이며, 두 번째는 이 문이 니코메디아와 콘스탄티노폴리스를 연결하는 주요 통로였다는 점이다. 별궁과 관련해 Mango (2005), 27-30 참고.

하얗게 빛나는 옷으로 가린 채, 어떤 이보다 불그스레 건강을 뿜어내는 안색을 하나님의 종처럼 바닥으로 내리깐 채 걷기 시작했다.[7] 신호에 맞춰 일제히 제 자리에서 일어선 주교들의 도열 끝에 마련된 작은 황금 의자에 이르자 콘스탄티누스는 그제야 얼굴을 들어 주교들과 눈을 마주쳤다. 연신 몸을 굽혀가며 정중히 권유하는 주교들의 제스처가 잇따르자, 콘스탄티누스는 그제야 제자리에 앉았고, 주교들도 따라 제자리에 앉았다. 정적 리키니우스를 상대한 것과 다른 성격의 전투에서 다른 수단으로 승리하려는 계획에 따라 콘스탄티누스는 칼과 무기를 찾아볼 수 없는 전쟁터로 주교들을 끌어들였고, 그 자신 역시 "하나님을 섬기는 동료 종"으로서 칼을 차지 않고 출전했다.[8]

우측 열 최상단 자리에 배정받은 주교, 곧 안티오키아의 주교 유스타티오스가 일어나 유려한 언변으로 황제를 칭송한 끝에 그 머리에 화관을 씌워주며 하나님이 세우신 최고의 종으로 추대하자 앉아 있던 주교들은 일제히 그 주인공을 주시했다.[9] 주교들을

---

7 에우세비오스 (카이사레이아 주교), 『콘스탄티누스 황제의 일생』 3.10.
8 에우세비오스 (카이사레이아 주교), 『콘스탄티누스 황제의 일생』 3.12.
9 에우세비오스 (카이사레이아 주교), 『콘스탄티누스 황제의 일생』 3.11. 콘스탄티누스를 추대한 인물이 안티오키아 주교였다는 기록에 관해 테오도레토스, 『교회사』 1.6 참고. 의장 호시우스였을 거라는 추정에 관해 Barnes (1978), 56-57 참고. 니코메디아의 주교 에우세비오스였을 거라는 추정에 관해 Cameron-Hall (1999), 265 참고. 공의회록이 남아 있지 않기 때문에 본회의 진행 과정에 관한 서술은 관련 참고 자료를 바탕으로 재구성이 불가피하다. 이 책에서 나는 325년 안티오키아 아시아 지

둘러보며 장고하던 콘스탄티누스는 이내 입을 떼면서부터는 주저함 없이 출사표를 던졌다. 자신이 여태까지 "하나님을 적대하는 압제자들"을 상대로 격렬하게 치러 왔던 어떤 전투보다 현재 "하나님의 교회가 겪고 있는 내분"을 중대하게 판단한다면서도 때마다 승리로 이끌어준 "지존자의 은혜와 도움"으로 이번 전투 역시 승리할 것임을 라틴어로 직접 한번 그리고 헬라어 번역을 거쳐 두 번 천명했다. 콘스탄티누스가 목표한 승리란 "모두가 하나의 사상으로 만장일치"를 이루는 단 하나의 경우뿐이었다.[10]

개전

역 공의회에서 호시우스와 협업한 적 있는 주교 유스타티오스가 325년 니케아 전역 공의회에서도 협업을 통해 니케아 신경 제정에 결정적 역할을 맡았을 것이라는 관점으로 본회의 진행 과정을 재구성했다. 로마와 알렉산드리아에 이어서 안티오키아의 주교를 유럽, 아프리카, 그리고 아시아 대륙의 총대주교로 인정한 공의회 법령 제6조는 이들 주교 3인방이 본회와 신경 제정 과정도 선도했음을 방증한다. 카이사레이아의 주교 에우세비오스는 앞서 안티오키아에서 열린 시리아-팔레스티나 지역 공의회에서 자신에 대한 정죄 결정을 주도한 유스타티오스에 대한 반감 때문에 니케아 전역 공의회에 그가 이바지한 역할을 깎아내린 것으로 보인다. 니케아 전역 공의회 이후 327년, 안티오키아에서 소집된 시리아-팔레스티나 지역 공의회에서 의장을 맡은 카이사레이아의 에우세비오스는 사벨리오스의 사상을 추종한다는 이유를 들어 유스타티오스를 주교직에서 폐위시킴으로써 복수에 성공했다. 이와 관련해 이 책 3장 서두 참고.

10   에우세비오스 (카이사레이아 주교), 『콘스탄티누스 황제의 일생』 3.12.

만장일치를 향해 속전속결 하고자 콘스탄티누스는 자신에게 친숙한 로마 원로회 모델을 따라 공의회를 사전 설계했고, 이 설계도에 능숙한 로마인들을 의장단으로 세워 본회 의사 진행을 맡겼다. 스페인 코르도바의 주교 호시우스는 로마 주교의 대리자 자격으로 참석한 장로 빅토리누스와 빈첸시우스의 조력 속에 가장 먼저 논의 주제를 취합 선정했고, 각 주제에 관해 세부 논의할 때면 철저히 연장자 우선으로 발언권을 부여했다.[11] 콘스탄티누스 또한 필요하다 싶으면 직접 나서 "양측의 입장을 정리해주고 과열된 분위기를 누그러뜨리면서" 명예 의장으로서 의장단의 의사 진행을 지원할 뿐만 아니라 뒤따르는 주교들의 의사 발언에 무시하기 힘든 영향력을 행사했다.[12] 필요하다면 자신에게 익숙지 않은 헬라어마저 번역자를 거치지 않고 본인이 직접 사용할 정도로 황제는 의사 진행 속도를 높이는 데 치중했다. 게다가, 넉넉한 먹거리와 마실 거리를 매일매일 제공함으로써 그만큼 절약한 시간을 본회 논의에 마저 할애하게 했다.[13] 그해 7월 25일은 그가 서방 부제로 재위에 오른 지 20주년이 되는 만기일이었다. 그간 서방에서 동방으로 진격하며 이뤄낸 전승의 역사를 바로 이날 니코메디

---

11 에우세비오스 (카이사레이아 주교), 『콘스탄티누스 황제의 일생』 3.7. 로마 원로회의 논의 방식을 수용한 니케아 전역 공의회에 관해 Drake (2021), 25; MacMullen (2006), 18 참고.
12 에우세비오스 (카이사레이아 주교), 『콘스탄티누스 황제의 일생』 3.13.
13 에우세비오스 (카이사레이아 주교), 『콘스탄티누스 황제의 일생』 3.9.

아에서 기념하고픈 계획에 따라 콘스탄티누스는 현재 니케아에서 진행 중인 공의회의 종결 시점을 하루라도 더 앞당기려 부단한 노력을 쏟았다. 그에게 니케아 전역 공의회는 전승 역사의 대미를 완성해 줄 마지막 전투였고, 이 기념비적 전투에 이어 전승 기념식에까지 참여한 군사들은 그가 통합한 제국 전역에서 소집된 하나님의 종들이었다.

속전속결과 만장일치라는 극도로 어려운 목표 달성에 가장 큰 걸림돌은 (그러나 결과적으로 가장 큰 공헌자는) 콘스탄티누스 황제와 같은 출발지에서 떠나 같은 경유지를 거쳐 같은 목적지로 돌아갈 니코메디아의 주교 에우세비오스였다. 연장자 우선으로 발언권이 돌아간 덕분에 본회의 초반 분위기와 논조를 주도해 나간 세력은 성경의 언어와 문구를 인용하면서 성자를 참 하나님으로 고백하는 '고백자' 출신의 노병들이었다. 하지만, 니코메디아의 주교가 자신에게 돌아온 발언 기회를 통해 미리 준비해 온 글을 읽으며 아리오스를 공개 지지하면서부터 비교적 순조로웠던 본회 초반부 논의는 격전으로 빠져들었다.[14]

"성자는 지음 받으신 피조물이 아니다."라고 말하는 순간부터 성자에 관해 성부와 '호모-우시아'를 공유하시는 존재라고 고백하

---

14 테오도레토스, 『교회사』 1.6-7.

는 것이나 다름없습니다.[15]

앞서 발언한 고백자들을 전부 영지주의자들로 싸잡아 몰아세운 이 대담한 발언은 본회의 무대 배경을 325년에서 268년으로, 니케아에서 안티오키아로 되돌려 놓았다. 325년 6월 14일부터 18일까지 5일 동안 하루도 빠짐없이 매일 열린 본회에 때마다 소환되어 268년 당시 '프로타고니스트'였던 파울로스를 연기한 배역은 다름 아니라 아리오스였다. 등장 기회가 잦아지고 늘어날수록 아리오스의 발언은 성부의 신성과 성자의 피조성 사이에 극복할 수 없는 초격차를 강조하는 극단으로 치달았다.[16] 그런 아리오스를 바라볼수록 점점 또렷하게 되살아나는 파울로스에 대한 기억 앞에서 안티오키아의 주교 유스타티오스와 시리아 지역 소속 주교들은 알렉산드리아 주교 측과 합세하여 반대 극단으로 여론을 움직였다.[17] 유스타티오스에게 배정된 우측 열 상단 자리는 황제의 머리에 화관을 씌울 만큼 황제의 귀에 가장 크고 선명하게 목소리가 들리는 자리였다. 의장 호시우스는 그런 자리를 자신과 함께 안티오키아에서 소집한 325년 아시아 지역 공의회에서 아리오

---

15 발췌, 암브로시우스, 『믿음에 관하여』 3.15.
16 니케아 전역 공의회 본회에서 아리오스가 매우 자주 소환되어 주교들의 질의에 응답했다는 기록에 관해 루피누스, 『교회사』 10.4; 테오도레토스, 『교회사』 1.6-7 참고.
17 루피누스, 『교회사』 10.3 (Amidon, 10-11).

스를 지지하던 '호모이' 사상가 3인을 사전 정죄한바 있던 유스타티오스에게 배정했고, 이번에도 가까이서 호흡을 맞춰가며 본회의사 진행을 이끌었다. 게다가, 대세를 몰아 만장일치로 공의회를 속결 짓고 싶은 의도를 "설득"이나 "훈계" 또는 "칭찬" 등의 다양한 수사법을 통해 심심치 않게 드러내는 황제의 참고 발언은 이미 기울어지기 시작한 여론 중심의 이동을 가중시켰다.[18]

교두보 확보

만장일치까지 남은 마지막 퍼즐은 여전히 아리오스를 지지하는 대략 23명 남짓이었다. 이 퍼즐은 아리오스 중심의 아프리카 리비아 지역 계파, 니코메디아의 에우세비오스 중심의 비티니아 지역 계파(혹은, 루키아노스 사상 계파), 그리고 카이사레이아의 에우세비오스 중심의 팔레스티나 지역 계파(혹은, 오리게네스 사상 계파)로 구성된 연합체였다.[19] 황제와 의장단을 비롯한 다수의 시선은 이제 타협 불가한 아리오스를 제쳐두고 동명이인의 에우세비

---

18 에우세비오스 (카이사레이아 주교), 『콘스탄티누스 황제의 일생』 3.13.
19 아리오스를 지지하는 주교 중에서 니케아 전역 공의회에 참석한 이들은 핵심 6명에(테오도레토스, 『교회사』 1.7; 필로스토르기우스, 『교회사』 1.8 참고) 17명 정도 더해서(소조메노스, 『교회사』 10.18; 루피누스, 『교회사』 10.4 참고) 전체 23명 정도의 극소수였다(아타나시오스, 『니케아 전역 공의회 변론』 3 참고).

오스에게로 쏠렸다. 회유성 심문이 시작되었지만, 니코메디아의 에우세비오스와 추종자들은 기대를 저버리고 "성자가 존재하시지 않은 시간이 있었다."든지 "성자는 무존재에서 생겨나셨다." 혹은 "성자는 성부의 의지에 따라 지음 받으셨다." 같이 아리오스가 세몰이한 유행어를 여전히 사용하면서 아프리카계 아리오스파와 연대를 고수했다.[20] 오랜 노력이 무위에 그쳐가자, 다수파 주교들은 인내심을 잃어갔고, 급기야 귀에 거슬리는 유행어가 나올 낌새만 보여도 말을 끊고 성경에 없는 문구를 사용한 자체가 사상의 오류를 자인한 셈이라는 식의 비난으로 압박의 수위를 높여갔다. 결국, 비티니아 지역 계파 소속의 주교들은 대표의 눈치를 보다가 서로 귓속말을 하거나 눈을 깜빡거리면서 신호를 주고받더니 너나 할 것 없이 입을 닫고 침묵하기 시작했다.[21]

니코메디아의 에우세비오스를 침묵에 빠트린 상황을 또 다른 에우세비오스는 침묵에서 빠져나올 기회로, 325년 안티오키아에서 소집된 아시아 지역 공의회가 자신에게 씌운 사전 정죄 혐의에서 벗어날 마지막 절호의 기회로 삼았다. 그가 황제와 공의회 앞에서 꺼내든 회심의 카드는 팔레스티나 카이사레이아 교회 세례식에서 성부-성자-성령에 관해 묻는 말에 대해 수세자가 답하는 내용을 정리한 신앙고백문이었다. 서두에서 에우세비스는 본문

---

20   아타나시오스, 『니케아 전역 공의회에 관한 변론』 5.18.
21   아타나시오스, 『니케아 전역 공의회에 관한 변론』 5.20.

에 담아온 자신의 신앙 고백이 실은 카이사레이아 교회의 모든 선임 주교로부터 전해 받은 것이며, 그들은 다름 아닌 성경으로부터 가르침 받은 것임을 역변했다.[22] 그렇게 그는 자신에 대한 정죄가 카이사레이아 교회 전통에 대한(게다가, 산하 팔레스티나 지역 교회들에 대한) 정죄를 의미한다는 메시지로 공의회를 압박하는 한편, 자신의 신앙 고백을 채우고 있는 성경 문구 자체가 비성경 문구를 사용하는 아리오스 및 니코메디아의 에우세비오스로부터 자신을 구별해준다는 메시지로 자신의 정통성을 강변했다.

카이사레이아 교회에 보낸 보고서 성격의 편지에서 주교는 교회의 신앙 고백을 듣자마자 황제가 나서서 그 자신의 신앙 고백이라 해도 무방할 정도라며 반색하면서도 다만 '호모-우시아' 문구만 추가 보충한다면 참석자 모두가 그 자리에서 즉시 서명할 만하다고 제안했다면서 반색 된 당시 현장 분위기를 전했다.[23] 만약 유일하게 남아있는 이 현장 증언이 사실이라면, 「니케아 신경」 작성의 최대 공헌자는 동명이인의 에우세비오스, 곧 성경 문구들로만 신경의 기본 골자를 세울 수 있도록 참고 자료를 제공한 카이사레이아의 에우세비오스와 더불어서 유일한 비성경 문구인 '호모-우시아'를 신경에 추가할 단서 혹은 당위성을 직접 제공한 니코메디

---

22 에우세비오스 (카이사레이아 주교), 「카이사레이아 교회에 보내는 편지, 325년 6월」 3.
23 에우세비오스 (카이사레이아 주교), 「카이사레이아 교회에 보내는 편지, 325년 6월」 7.

아의 에우세비오스였다. 「니케아 신경」을 따라서 성부-성자 사이를 '호모-우시아' 관계로 고백한다는 것은 최소한 (공의회를 들썩이게 했던 루키아노스 대표 제자의 주장대로) "성자는 지음 받으신 피조물이 아니다."라고 고백한다는 의미였다.[24] 성경 문구로만 채워진 「니케아 신경」 본문 속에 유일한 비성경 문구로 추가된 '호모-우시아'는 성자에 관해 지음 받은 피조물로 가르치는 아리오스의 목소리를 걸러내는 일종의 여과 장치였다.

6월 19일, 공의회로부터 위임받은 신경 작성 위원회는 이 부속 장치가 신경의 어느 위치에서 가장 효율적으로 작동할 수 있을지에 집중하는 공학적 설계 작업에 착수했다. 위원회가 찾아낸 첫 번째 위치는 성자가 다른 피조물처럼 무존재에서 기원하셨다고 주장하는 아리오스에 반립하고자 넣은 "성부에게서 낳음 받으신 독생자"라는 성경 문구 다음이었고, "성부에게서" 문구의 의미를 보충 설명하려고 설치한 부속 장치가 "곧 성부의 '우시아'에서"란 비성경 문구였다. 그 누구보다도 성부의 독생자로 고백된 성자는 이 비성경 문구를 거쳐서 비로소 "하나님에게서 나오신 하나님, 빛에서 나오신 빛, 참 하나님에게서 지음 받으시지 않고 낳음 받으신 참 하나님"으로 고백된다.

---

24 "성자가 지음 받으신 피조물이 아니라고 말하는 순간부터 성자에 관해 성부와 '호모-우시아'를 공유하시는 존재라고 고백하는 것이나 다름없습니다." (발췌, 암브로시우스, 『믿음에 관하여』 3.15).

부속 장치를 설치할 두 번째 위치는 성자에 관해 피조물이라고 주장하는 아리오스에 반립하고자 넣은 "참 하나님에게서 지음 받으시지 않고 낳음 받으신 참 하나님"이라는 성경 문구 다음이었고, "낳음 받으신 참 하나님"을 보충 설명하려고 설치한 부속 장치가 "성부와 '호모-우시아'를 공유하신 하나님"이란 비성경 문구였다. 첫 번째 장치를 거쳐 독생자에서 참 하나님으로 고백 된 성자는 두 번째 장치를 거쳐 "하늘과 땅에 존재하는 만물"을 지으신 창조주 하나님으로 고백되며, 마지막에는 성육과 죽음과 부활과 승천 그리고 재림에 관한 성경 문구를 거쳐 마침내 심판주 하나님으로 고백된다.

[성자에 관한 325년 니케아 신경 전문]

또한 우리는 한 분이신 주 예수 그리스도, 하나님의 아들을 믿습니다.
성자는 성부에서, 곧 성부의 '우시아'에서 낳음 받으신 독생자이십니다.
성자는 하나님에게서 나오신 하나님, 빛에서 나오신 빛, 참 하나님에게서 지음 받으시지 않고 낳음 받으신 참 하나님이십니다.
성자는 성부와 '호모-우시아'를 공유하신 하나님, 하늘과 땅에 존재하는 만물이 그로 말미암아 지음 받은 [창조주] 하나님이십니다.
성자는 우리 인간을 위하여, 우리의 구원을 위하여 내려오시어 육신을 취하셨고, 사람이 되시어 고난받으셨으며, 사흘 만에 다시 살아나시어 하늘로 올라가셨고, 산 자와 죽은 자를 심판하러 오실 [심판주] 하나님이십니다.

「니케아 신경」이 고백하는 성자는 무존재에서 지음 받은 모든 피조물과 다르게 성부의 '우시아'에서 "낳음 받으신" 유일한 독생자이시며, 성부와 같은 '우시아'를 공유하신 참 하나님 곧 창조주 심판주 하나님이시다. 「니케아 신경」에 유일한 비성경 문구로 삽입된 '호모-우시아'는 성자에 관해 지음 받은 피조물로 가르치는 아리오스의 목소리를 걸러내는 일종의 여과 장치이면서, 동시에 성자에 관해 참 하나님으로 고백하는 목소리를 키워주는 증폭 장치였다.

공의회 이후 신경 본문에 덧붙인 추가 파문 조항에서 "사도들로부터 이어온 거룩한" 공교회가 '호모-우시아'를 통해 마땅히 걸러내야 할 이물질로 명시한 것도 다름 아니라 아리오스의 유행 문구들이었고, 그 결정체는 '호모-우시아'의 정반대인 '헤테로[다른]-우시아'였다.

> "성자가 존재하시지 않은 시간이 있었다, 낳음 받으시기 전에는 존재하시지 않았다, 그리고 무존재에서 낳음 받으셨다."라고 말하는 자들이나, "성자가 성부와 '헤테로-휘포스타시스' 혹은 **'헤테로-우시아'** 로 존재하신다."라고 말하는 자들, 또는 "성자는 지음 받으셨다, 변하실 수 있다, 혹은 달라지실 수 있다."라고 말하는 자들은 사도들로부터 이어온 거룩한 공교회에서 파문합니다.

「니케아 신경」은 성경 문구로 담아낸 공교회의 통시적 '신앙 고백' 안에 비성경 문구로 담아낸 4세기 교회의 공시적 '신앙 변증'을 주입한 합성물이었다. 아이러니하게도 이 합성물의 제조 과정에 최대 공헌자가 된 동명이인의 에우세비오스 모두 '호모-우시아'와 '헤테로-우시아' 양극단 사이 '호모이-우시아' 사상가들이었다.

마지막 전투

팔레스티나 카이사레이아의 에우세비오스가 제출한 신앙 고백문이 「니케아 신경」 작성에 유일한 참고 자료로 활용되었는지, 아니면 여러 참고 자료 중 하나로 활용되었는지 (만약 그렇다면 얼마나 비중 있는 자료로 활용 되었는지) 여부는 그 자신 외에 추가 증인이 없는 탓에 확인할 길이 없다. 그럼에도, 이것이 그 자신에게 씌워진 정죄 혐의를 벗어 던질 반등의 계기가 된 것은 물론이고 아리오스 연합 세력이 와해되는 반전의 계기가 된 것과 만장일치 합의를 향한 황제의 진격에 속도를 더하는 가속의 계기가 된 것만큼은 분명하다. 공의회에 나비 효과를 일으킨 오리게네스의 대표 제자를 유심히 지켜본 현장 증인은 오리게네스의 떠오르는 제자, 알렉산드리아의 아타나시오스였다. 신경 초문이 공개된 6월 19일부터 주교들의 서명으로 인준된 20일까지 단 이틀 만에 동문 선배가 보여준 입장의 변화는 후배가 보기에도 "이상"하리만치 극적인 반전 드라마였다.

참으로 이상한 것은 전날까지 ['호모-우시아' 관련 문구가 삽입된 신경을] 거부하던 팔레스티나 카이사레이아의 에우세비오스가 다음 날이 되자 신경에 서명했다는 사실입니다. 게다가, 이후 카이사레이아 교회에 써 보낸 편지에서 그는 선대 교회와 교부들도 (비록 오류에 빠진 채 분별하지 못하고 진리를 거스르긴 했어도) '호모-우시아'를 바른 신앙과 전통으로 받아들였노라며 공개 인정했다는 사실입니다. 그는 "성부와 '호모-우시아'를 공유하신" 문구와 "성부의 '우시아'에서 낳음 받으신" 문구를 용인한 자신의 입장 변화에 대해 자기 자신도 난감해하면서 카이사레이아 교회 앞에 나름의 해명을 늘어놓았습니다. 하지만 이들 문구를 완전히 부정하지도 않았기에 결국 전부 수용한다는 의사를 분명히 밝힌 셈이었습니다. 에우세비오스는 자신을 변호하느라 [이전에 한때였던] 아리우스의 추종자들을 계속 공격하는 수고를 치러야 했습니다.[25]

운명의 이틀 동안 동명이인의 에우세비오스와 이들 계파는 어떤 의미로 '호모-우시아' 문구를 도입했는지 "공격적"으로 질문했고, 이에 신경 작성 위원회는 "성자가 성부에게서 나오신 것은 맞지만, 성부에게서 발출된 [신체의] 일부는 아니시다."라는 의미라며 방어적으로 대답했다.[26] 적어도 영지주의 사상가들이 '호모-

---

25 아타나시오스 (알렉산드리아 주교), 『니케아 전역 공의회에 관한 변론』 2.3.
26 에우세비오스 (카이사레이아 주교), 「카이사레이아 교회에 보내는 편

우시아' 안에 주입했던 물리적 "분할, 파생, 발아" 개념은 아니라는 해명에 카이사레이아의 에우세비오스와 팔레스티나 교협 소속 주교들이 먼저, 그다음 니코메디아의 에우세오스와 비티니아 교협 소속 주교들이 마음의 빗장을 풀었다.[27] 하지만, 이들이 정작 신경에 서명한 진짜 이유는 만장일치로 공의회를 속히 매듭짓고 하루빨리 니코메디아로 돌아가 재위 20주년 전승 기념식을 차질 없이 준비하고 싶어 하는 마음을 숨기지 않고 드러내는 황제를 의식해서였다.[28] 「니케아 신경」 속 '호모-우시아'는 그 속에 오래 묵혀 있던 영지주의 개념은 제거되었지만, 새 개념으로 보충되지 않은 채 아프리카 리비아에서 참석한 아리오스파 주교 두 명을 제외한 나머지 전원의 서명으로 임시 봉쇄한 중립 지대로 남게 되었다.[29] 5세기 교회 역사가 소크라테스는 이 지대를 캄캄한 밤의 어둠에 빗대었다.

지, 325년 6월」 9.
27 소크라테스, 『교회사』 1.8.
28 에우세비오스 (카이사레이아 주교), 「카이사레이아 교회에 보내는 편지, 325년 6월」 10.
29 끝내 신경에 서명하지 않고 유배된 주교 두 명은 초기부터 아리오스를 추종했던 리비아 프톨레마이스의 주교 세쿤도스와 마르마리케의 주교 테오나스였다. 비티니아 지역 주교 3인방, 즉 니코메디아의 에우세비오스와 니케아의 테오그니스 그리고 칼케돈의 마리스는 「니케아 신경」에는 서명했지만, 아리오스에 대한 추가 정죄문에는 끝내 서명하지 않았다. 이에 콘스탄티누스는 공의회 이후 3개월의 유예 기간에도 서명을 거부한 이들을 파면시키고 유배 보냈다. 이와 관련해 소크라테스, 『교회사』 1.8 참고.

아프리카계 아리오스파를 몰아내고 살아남은 자들이 장차 이 깜깜한 미지의 중립 지대를 두고 각축할 싸움의 불씨를 남긴 채 콘스탄티누스 황제는 "가장 거룩한 축일"인 부활절 날짜도 속전속결과 만장일치로 결정했다. 「니케아 신경」이 영지주의 추종파와 아리오스파에 대한 배제였다면, 부활절 날짜에 관한 결정은 유월절에 "가장 잔악무도하게 손을 더럽혀가며" 성자를 십자가에 못 박은 유대인들에 대한 배제였다.[30] 영지주의 추종파와 아리오스파에 대한 배제가 이들 사상의 근원지인 아프리카 대륙에서 공교회 전통을 지켜온 알렉산드리아의 주교에 대한 포용이었다면, 유대인들에 대한 배제는 유월절 지나고 맞는 첫 일요일에 부활절을 지키기로 한 공의회의 결정을 이미 유럽 대륙에서 지켜 왔을 뿐만 아니라 (유월절 날짜에 부활절을 지키던) 다른 지역 교회들도 다 같이 이 날짜에 지키도록 앞장서서 이끌어왔던 로마 교회의 주교에 대한 포용이었다.

니케아 전역 공의회는 교령 제6조항에서 유럽 대륙의 교회를 총괄하도록 로마 주교에게 부여해 온 권한을 알렉산드리아의 주교에게도 수여함으로써 "이집트, 리비아, 그리고 펜타폴리스"를 총괄하는 북아프리카 교회의 총대주교로 위상을 높여주었다. 유럽과 아프리카를 제외한 나머지 아시아 대륙 교회의 총대주교로

---

[30] 콘스탄티누스 황제, 「부활절 날짜 공고령, 325년」(발췌, 에우세비오스 (카이사레이아 주교), 『콘스탄티누스 황제의 일생』 3.16-20).

올라선 주교는 (유대인의 유월절 날짜에 부활절 지키는 전통을 고수해 온 소아시아 지역의 주교가 아닌) 로마 주교의 대리자이자 공의회 의장이었던 호시우와 긴밀히 협력해 온 시리아 안티오키아 주교의 차지였다. 6월 14일부터 7월 초까지 이어진 약 한 달의 전투 끝에 총지휘관 콘스탄티누스와 더불어 전승자의 반열에 오른 지휘관은 유럽의 총대주교인 로마 주교, 아프리카의 총대주교인 알렉산드리아 주교, 그리고 아시아의 총대주교인 안티오키아 주교였다. 통시적 신앙 고백을 바탕으로 공시적 신앙 변증을 합성한「니케아 신경」은 로마 황제에게서 위임받은 3대 총대주교들이 주도해서 포용의 내부와 배제의 외부 사이에 세운 공교회 전통의 출입문이었다.

개선문

7월 초, 니케아 전역 공의회를 폐회한 직후 니코메디아로 돌아간 콘스탄티누스 황제는 자신의 재위 20주년과 전승을 기념하는 대연회를 열었다. 7월 25일, 자신들을 향해 활짝 열린 황궁 문 넘어서 "상상 속 그리스도의 왕국을 구현한 듯한 현실" 속으로 걸어 들어간 자들은 초대 전역 공의회에서「니케아 신경」에 서명한, 공교회의 초대 회원들이었다.[31] 이들을 맞은 자리에서 콘스탄티누스 황제는 "하나님께서 여러분을 공교회 안 사람들의 주교로 세우셨다면, 저 자신은 공교회 밖 사람들의 주교로 세우셨다고 생각합니다."라며 자신의 소명 의식을 밝혔다.[32] 「니케아 신경」이 공교회 전통 안으로 들어가는 개선문이었다면, 이 문을 세운 전승자 콘스탄티누스 황제는 또한 출입문을 지키는 수문장이길 자처했다. 니케아 전역 공의회 직후 이 출입문 밖으로 아리오스를 추방한 이도, 327년부터 335년 사이 몇 차례 아리오스를 소환해 면담한 이도, 그리고 336년 마침내 이 문을 아리오스에게 열어준 이도 콘스탄티누스였다. 아리오스가 이 출입문 안으로 들어오려 할 때 이 문밖으로 추방된 이는 알렉산드로스의 후계자, 곧 알렉산드리아의 주교이면서 아프리카의 총대주교인 아타나시오스였다.

---

31 에우세비오스 (카이사레이아 주교), 『콘스탄티누스 황제의 일생』 3.15.
32 에우세비오스 (카이사레이아 주교), 『콘스탄티누스 황제의 일생』 4.24.

〈요약 및 정리〉

서방에서 동방으로 진격하며 로마 제국을 통합해 가던 콘스탄티누스 황제는 동방 시리아 지역의 평정을 마지막으로 앞두고 비티니아 니코메디아에서 발걸음을 멈춰야 했습니다. 그를 가로막은 것은 알렉산드리아에서 시작되어 지중해 전역으로 확산된 교회의 분열이었고, 그가 제시한 해결책은 로마 원로회를 전역 규모로 확대한 공의회였습니다. 황제는 가능한 많은 주교가 6월 초 개회식 전까지 도착할 수 있도록 교통의 편리성을 고려하고, 자신의 재위 20주년 기념일인 7월 25일까지 그들이 체류할 수 있는 쾌적한 기후를 감안해 비티니아 지역의 호반 도시 니케아를 공의회 장소로 낙점했습니다. 원로회 전통을 따라 먼저 발언권을 얻은 '고백자' 출신 노 주교들의 여론 주도와, 만장일치를 향해 속전속결로 공의회를 밀어붙이는 황제의 압박이 본회를 주도했고, 그 결과 절대다수의 주교가 '호모^{동일}-우시아'가 삽입된 「니케아 신경」에 서명하게 되었습니다. 동명이인의 두 에우세비오스도 결국 서명했지만, 성부-성자-성령이라는 '휘포스타시스' 셋을 바탕으로 유일신 사상을 탐구한 이들로서는, '호모-우시아'를 단일 '휘포스타시스'로 간주한 로마 주교와 서방 라틴 전통의 해석에는 끝내 동의할 수 없었습니다. 결국 '호모-우시아'라는 표현만 신경 안에 봉인되었고, 그 안에 담지 못한 모호한 개념은 이후 서방과 동방을 오가는 릴레이 공의회들로 이어질 기나긴 공방전을 예고했습니다.

〈이해 / 해석/ 적용〉

[이해] 핍박 시대를 견딘 '고백자' 출신의 노 주교들과 재위 20주년 기념을 앞둔 황제의 조합은 어떤 방향과 속도로 니케아 전역 공의회를 이끌었나요?

[해석] 당시 '호모-우시아'라는 논쟁적 표현을 신경에 삽입하는 데 결정적 역할을 한 인물들은 누구였나요? 오늘날 당신이 속한 공동체에도 사상적 또는 실천적 논쟁이 있다면, 보통 어떤 이들이 그 논의를 이끌고 결론을 만들어 가나요? 그런 과정에서 당신은 주로 어떤 방식으로 참여하나요?

[적용] 공동체가 내규에 따라 내린 결정에 당신이 전적으로 동의하지 못한 경험이 있나요? 그런 상황에서 당신은 어떻게 반응했나요? 또, 공동체는 어떻게 반응해야 바람직하다고 생각하나요?

4

시르미움 승전비

SYMBOLUM
NICAENUM

SYMBOLUM NICAENUM

4. 시르미움 승전비

콘스탄티누스 황제가 카이사레이아의 주교 에우세비오스를 특별하게 인식하기 시작한 시점은 동방 정제 리키니우스를 제압한 324년 9월 이후 팔레스티나 지역에 특별 포고령을 내린 그해 말이었다. 지금까지 그는 통치 영토를 새로 점령할 때마다 우상 숭배자들의 압제 아래 무너졌던 질서와 평화를 지존자 하나님의 뜻대로 회복하겠다는 기조의 포고령을 내려왔고, 그러한 기조를 그리스도교 신앙을 누리는 자유의 회복과 더불어 이 신앙 때문에 부당히 빼앗기거나 피해당한 재산권의 회복을 보장하는 시행령으로 귀결해 왔다. 팔레스티나 지역에 내린 포고령에서 그는 가장 시급하게 회복되어야 할 질서로 교회가 빼앗겨온 재산권을 특정하면서 하나님의 종들이 발 벗고 나서기에 이보다 "더없이 마땅하고 보람된" 과업은 없다는 식의 최상급 표현을 써가며 어떤 지역에서

보다 교회 건축 사업을 향한 강한 시행 의지를 표출했다.[1] 포고령에 이어 그가 보낸 시행령 성격의 편지를 받은 수신자는 당시 팔레스티나 지역 교협의 대표 주교이자 카이사레이아의 주교 에우세비오스였다.

> 친애하는 형제여 … 그대가 친히 관할하는 교회들이나 [그대의 관할 아래] 다른 주교와 장로 또는 집사가 관할하는 교회들이 있다면, 그들 모두에게 개축하거나 증축 혹은 신축해야 할 교회 건물은 없는지 점검하도록 당부해 주십시오. 건축 사업에 필요한 물품이 있다면 모두 그대가 일괄해서 우리 총독들이나 동방 지역 장관에게 요청하십시오. 그들은 귀하가 제안하는 바라면 무엇이든지 적극 협조하라는 저의 지시를 이미 받은 상태입니다. 하나님의 가호가 그대와 함께하기를 바라며,
> 친애하는 형제가.[2]

팔레스티나 지역 교회 중 "세상에 존재하는 어떤 교회당^바실리카 보다 외관이 뛰어날 뿐만 아니라 내관 역시 도시마다 내세우는 모든 건축물을 능가해야" 한다며 콘스탄티누스가 천착한 신축 건물은 326년 5월부터 착공한 예루살렘 '성묘' 교회였다.[3] 그는 심지어 2

---

1 에우세비오스 (카이사레이아 주교), 『콘스탄티누스 황제의 일생』 3.39-40.
2 콘스탄티누스 황제, 「카이사레이아의 주교 에우세비오스에게 보내는 편지, 324년」 (발췌, 젤라시우스, 『교회사』 3, 3.1-4).
3 콘스탄티누스 황제, 「예루살렘의 주교 마카리오스에게 보내는 편지,

세기 초 하드리아누스 황제가 성묘를 덮고 그 위에 '베누스^{비너스}' 신전을 세울 때 기단 공사에 사용한 흙조차 "마귀를 예배하는 데 사용되어 불결하게 오염된 토양"이라며 최대한 깊게 파내어 멀리 내다 버리게 했다.[4] "하나님의 뜻에 따라 태초부터 거룩했으나 이제는 구주께서 수난받으신 증표가 밝히 드러남으로써 더 거룩해진" 그 자리에 콘스탄티누스가 부여한 의미는 (하드리아누스 황제에 의해 지상에서 사라진 옛 예루살렘을 대체할) 새 예루살렘이었고 '성묘' 교회는 그에 부합하는 새 성전이었다.[5]

콘스탄티누스는 황모 헬레나가 꿈속에서 보여주신 하나님의 계시를 따라간 끝에 '베누스' 신전 지하실에서 성묘와 함께 십자가도 발견했다는 찬양담을 퍼트리며 새 예루살렘과 성전 건설의 공로를 황모에게 돌렸다.[6] 그 시기 시리아-팔레스티나 지역에선 황제가 간통 혐의를 씌워 아들 크리스푸스와 계모 황후 파우스타를 숙청한 사건^{326년} 때문에 크게 비통해하던 황모가 마음을 달래고자 예루살렘을 방문했다는 소문이 떠돌고 있었다. 황모의 예루살렘

326년」(발췌, 에우세비오스 (카이사레이아 주교), 『콘스탄티누스 황제의 일생』 3.30-32).

4 에우세비오스 (카이사레이아 주교), 『콘스탄티누스 황제의 일생』 3.26.

5 콘스탄티누스, 「예루살렘의 주교 마카리오스에게 보내는 편지, 326년」(발췌, 에우세비오스 (카이사레이아 주교), 『콘스탄티누스 황제의 일생』 3.30).

6 황모 헬레나가 성묘와 십자가를 발견했다는 찬양담에 관해 소크라테스, 『교회사』 1.17 참고.

방문과 연루된 황실 치정사의 비극적 연결고리를 끊어내고픈 콘스탄티누스에게 '성묘' 교회 건축은 지극히 신성한 그래서 더없이 좋은 대체 연결고리였다. 그는 '성묘' 교회에 이어서 베들레헴 '탄생' 기념 교회와 예루살렘 '승천' 기념 교회의 신축마저 황모에게 공로를 돌렸다. 황모의 이름과 황제의 후원으로 신축되는 이들 교회는 증축 및 개축되는 기존 교회들과 더불어서 팔레스티나 지역을 순례자들의 '성지'로 만들었고, 콘스탄티누스로부터 성지화 건축 사업의 총괄자로 특별히 위임받은 이는 카이사레이아의 주교 에우세비오스였다.

니케아에서 벌어진 야간 전투의 공식 전승자는 로마의 주교와 알렉산드리아의 주교에 이어 안티오키아의 주교(또한, 아시아 대륙의 총대주교)였으나, 정작 황제의 총애를 독차지한 비공식 전승자는 카이사레이아의 주교(또한, 아시아 팔레스티나 지역의 대주교) 에우세비오스였다. 전역 공의회 이후에도 에우세비오스는 오리게네스의 수제자답게 '우시아'와 관련해서는 여전히 유보적 입장을 취한 반면, '휘포스타시스'와 관련해서는 성부와 성자가 구별된다는(즉, '헤테로'하다는) 분명한 입장을 굽히지 않았다. 그러자 유스타티오스는 "성자가 '헤테로-휘포스타시스' 혹은 '헤테로-우시아'로 존재하신다."라고 말하는 자들은 공교회에서 파문한다고 적시한 「니케아 신경」 부록에 근거해 "이교도" 혹은 "다신론자"라며 에우세비오스를 공개 저격했다. 그러자 에우세비오스는 논박문을 통해 유스타티오스더러 "사벨리오스 사상의 변호자"라고 맞받아

쳤다.[7]

아프리카 이집트-리비아 지역에서 주교와 장로 사이에 처음 점화된 논쟁은 니케아 전역 공의회 이후 일 년 만인 예루살렘 '성묘' 교회 건축 공사를 시작할 무렵에 아시아 시리아-팔레스티나 지역에서 총대주교와 대주교 사이에 되살아나고 있었다. 니케아 야간 전투의 공식 전승자와 비공식 전승자를 또 다른 전장으로 끌어들인 블랙홀은 개념이 비어 있는 상태로「니케아 신경」본문에 삽입한 용어 '우시아'가 불러일으키는 불안감이면서 동시에 무언가로 채워야 한다는 일종의 강박감이었다. 불안감과 강박감에서 비롯된 의견 충돌은「니케아 신경」부록에서 '우시아'와 호환할 수 있는 유의어로 치부한 용어 '휘포스타시스'를 둘러싸고 일어나기 시작했다.

'성묘' 교회 건축이 시작된 지 이듬해인 327년 가을, 안티오키아에서 소집된 시리아-팔레스티나 지역 공의회에서 에우세비오스와 유스타티오스는 324년 겨울 이후 거진 3년 만에 같은 장소에서 서로 자리를 맞바꾸어 재회했다. 의장 에우세비오스가 주재하는 의사 진행 끝에 안티오키아의 주교 유스타티오스는 파면 선고를 받았는데, 사벨리오스의 추종자라는 사유와 더불어 세간에 퍼진 소문은 팔레스티나 성지를 순례한 황모 헬레나와 관련해 냉소

---

7 소크라테스,『교회사』 1.23.

적이고 비판적인 소문을 유포했다는 혐의였다.[8] 공의회 이후 안티오키아 교회는 주교직 사퇴를 거부하며 버티는 유스타티오스의 추종파와 새 주교 후보로 추대받은 에우세비오스의 추종파로 갈라져 극렬한 내분에 휩싸였다. 328년, 한여름의 무더위와 함께 폭발 임계점에 달한 유혈 사태를 끝내 진화한 건 군대 투입도 불사하겠다는 황제의 엄중한 경고와 에우세비오스의 자진 후보 사퇴였다. 황제는 한 도시의 주교가 다른 도시로 주교직을 옮길 수 없다고 규정한 니케아 전역 공의회 법령 제15조를 지킨 에우세비오스를 일컬어 "한 도시의 주교가 아니라, 온 세상의 주교가 될 만한 그릇의 사람이다."라며 극찬했다.[9]

유스타티오스라는 거물을 상대로 거둔 에우세비오스의 승리는 '휘포스타시스' 하나를 상대로 거둔 '휘포스타시스' 셋의 승리였고, 이는 '우시아' 하나(즉, '호모-우시아')를 공교회의 신앙 정식으로 비준한 데 이어 '휘포스타시스' 하나를 묵인한지 이제 겨우 3년만에[325-328년] 「니케아신경」에 대한 재고가 시작되리라는 선언이었다.

---

8 소문으로 떠돌았던 또 다른 탄핵 사유는 간통 혐의였는데, 아리오스 사례와 마찬가지로 성적 타락은 사상적 타락을 암시하는 은유적 표현이었다. 이와 관련해 필로스토르기우스, 『교회사』 2.7 참고.
9 소크라테스, 『교회사』 1.24.5-9.

블랙홀

카이사레이아의 에우세비오스를 향한 황제의 총애는 니케아 전역 공의회에서 한때 그와 같은 편에 섰던 아리오스에게까지 온정으로 미쳤다. 327년 안티오키아 지역 공의회 이전 콘스탄티누스는 일리리아[발칸 반도]에서 유배 중인 아리오스를 자신의 황궁으로 초대해 「니케아 신경」에 서명할 기회를 주었고, 이후 11월[27일] 재차 편지를 보내 자신에게 끝내 찾아오지 않은 그의 고집을 꾸짖으면서 공무용 마차를 보내줄테니 즉시 법정으로 출두해서 전향 의사를 밝힌다면 알렉산드리아로 돌아가게 해주겠다고 회유하면서까지 사면 기회를 열어주었다.[10] 이에 아리오스는 성부-성자-성령에 관한 신앙을 고백하면서 성자에 관해서 "[창조된] 모든 시간 이전에 성부에게서 낳음 받으신, 말씀이신 하나님"이라는 달라진 고백을 다만 편지글로 갈음했다.[11] 끝내 '호모-우시아'를 언급조차 하지 않은 채 다만 공교회의 성찬 교제 안으로 다시 들여보내 주기를 간청하며 끝맺는 아리오스의 편지는 327년 그해 말[혹은, 328년 초] 니코메디아에서 소집된 비티니아 지역 공의회에서 회람되었다. 지역 공의회는 아리오스의 신앙 고백을 받아들이기로 결의하는 한

10　콘스탄티누스 황제, 「아리오스에게 보내는 편지, 327년」 (발췌, 소크라테스, 『교회사』 1.7).

11　아리오스, 「콘스탄티누스 황제에게 보내는 편지, 327년」 (발췌, 소크라테스, 『교회사』 1.26).

편 알렉산드리아의 주교 알렉산드로스와 안티오키아의 주교 유스타티오스를 각각 '호모-우시아'를 강요한 혐의와 간통 혐의로 고발하기로 결의했다.[12]

때마침 비티니아 지역 공의회에서 회람된 또 다른 편지는 니코메디아의 에우세비오스와 니케아의 테오그니스가 유배지에서 보낸 것이었다. 이 편지에서 루키아노스의 제자들은 「니케아 신경」에 서명할 당시 부록에 추가된 파문 조항에 끝내 서명하지 않고 파면과 유배를 받아들인 이유에 관해 피의자로 특정된 아리오스에 대한 심의가 충분한 시간과 공정한 절차를 따라 이뤄지지 않았기 때문이었다고 밝히면서, 이제 와서 침묵을 깨고 동기를 소명하고 복직까지 요청하는 이유 역시 경건한 황제를 통해 마침내 공정한 심의가 이루어졌기 때문이라고 밝혔다.[13] 지역 공의회 이후 콘스탄티누스 황제는 에오세비오스와 테오그니스를 각각 니코메디아와 니케아로, 아리오스를 알렉산드리아로 복직시키라는 시행령을 내렸다. 알렉산드리아의 주교 알렉산드로스는 아리오스의 복직 수용을 끝내 거부하다가 황제의 소환 명령까지 받았으나 그마저 노환에 따른 죽음으로써 328년 4월 17일 끝내 거부했다. 아타나시오스가 알렉산드리아의 주교직을 이어받은 시점에 아리오스는

---

12 필로스토르기우스, 『교회사』 2.7.
13 에우세비오스 (니코메디아 주교), 「니코메디아 지역 공의회에 보내는 편지, 328년」 (발췌, 소크라테스, 『교회사』 1.14).

리비아로 돌아가 한편으론 추종 세력을 재결집하면서 다른 한편으론 알렉산드리아로 돌아갈 길 그러나 신임 주교가 막고 있는 길을 열어줄 것을 황제에게 호소했다.

333년, 콘스탄티누스는 아리오스에게 편지를 보내 예전 알렉산드로스 주교 시절에 그랬던 것처럼 이번에도 교계에 분란을 일으킬만한 집단행동을 감행한다면 돌이킬 수 없는 대가를 치르게 될 것이라는 사전 경고와 함께 자신이 직접 그의 신앙 고백을 듣고 판단하겠다며 새 황궁 콘스탄티노폴리스로 소환했다.[14] 동시에 아타나시오스에겐 황제 자신이 아리오스의 신앙 고백을 직접 듣고 인정하게 된다면 그 또한 아리오스를 성찬 교제로 무조건 받아들여야 할 것이라는 경고성 내용의 편지를 보냈다.[15] 335년, 콘스탄티누스는 예루살렘 '성묘' 교회를 봉헌하면서 자신의 재위 30주년을 축하하는 기념식을 사전 준비하고자 60여 명의 동방 지역 주교들을 팔레스티나 티레로 소집했고, 주최 측인 카이사레이아의 에우세비오스와 황제 대변 측인 니코메디아의 동명이인은 황제의 강요에 마지못해 참석한 아타나시오스를 집중 표적 삼았다. 니코메디아의 그이는 아리오스를 알렉산드리아로 복귀시키라는 황제의 명령을 거부한 반역죄와 그의 귀환을 환영하는 이집트-리비아 지역 그리스도인들에게 무력을 행사한 폭행죄로 아타나시

---

14 콘스탄티누스 황제, 「아리오스에게 보내는 편지, 333년」.
15 콘스탄티누스 황제, 「아타나시오스에게 보내는 편지, 333년」.

오스를 정죄했고, 카이사레이아의 그이는 '성묘' 교회 봉헌식을 차질 없이 치러야 한다며 아타나시오스에게 제대로 변론 기회도 주지 않은 채 참석 주교들을 예루살렘으로 몰고 가 버렸다. 티레를 떠난 아타나시오스는 그 길로 예루살렘이 아닌 콘스탄티노폴리스로 달려가 황궁으로 돌아가는 콘스탄티누스를 말 위에 앉은 채로 멈춰 세웠고, 티레에서 일어난 "소음과 소란" 중에 자신이 당한 "집단 괴롭힘"에 대해 진상 조사를 청원했다.[16]

그 사이 예루살렘으로 장소를 옮긴 동방 지역 공의회는 200여 명 규모로 늘어난 주교들과 함께 '성묘' 교회 봉헌식으로 콘스탄티누스의 재위 30주년을 기념한 뒤 곧바로 본회를 열어 아리오스가 제출한 신앙 고백을 두고 "공교회가 보편적으로 고백하는 사도들의 전통과 가르침을 의심할 여지 없이 보존하고 있다."라고 공표했다.[17] 이 공의회를 두고 카이사레이아의 에우세비오스가 "비티니아 지역의 유명한 도시에서 열렸던, 황제가 친히 소집한 첫 번째 공의회에 버금가는 두 번째로 큰 공의회"였노라며 자평하며 자아도취에 빠진 사이, 정작 황제는 "최대한 빨리" 콘스탄티노폴리스로 달려와 진상 조사에 응하라는 긴급 소환 명령으로 공의회를

---

16 콘스탄티누스 황제,「티레-예루살렘 동방 공의회에 보내는 편지, 335년」(발췌, 소크라테스,『교회사』1.34).

17 마카리오스,「예루살렘 동방 공의회 성명서, 335년」(발췌, 아타나시오스,『아리미눔-셀레우키아 공의회 비평』21.2-7).

해산했다.[18] 황제 앞에서 티레 사태에 관해 소명하는 과정에서 니코메디아의 에우세비오스는 황제가 알렉산드리아의 가난한 이들에게 보낸 구제 식량을 횡령해 금전적 부당 이득을 취했다는 반역죄목을 더해 아타나시오스를 추가 고소했다.[19] 콘스탄티누스는 유배형을 내렸고, 아타나시오스는 알렉산드리아로 돌아가지 못하고 그 길로 서방 트리어독일 남서부로 떠나야 했다.

니케아 전역 공의회 이후 카이사레이아의 에우세비오스는 안티오키아의 주교 유스타티오스를, 니코메디아의 에우세비오스는 알렉산드리아의 주교 알렉산드로스와 아타나시오스를 콘스탄티누스 황제의 눈 밖에 나게 하는 데 성공했다. 그 대신 아리오스를 황제의 눈에 들게 하는 데 성공했다.[20] 325년부터 335년까지 10년 새 니케아 전역 공의회의 전승자들은 패배자가 되었고, 패배자들은 전승자가 되었다. 마지막 남은 전승자는 서방 라틴어권 지역에서 이 모든 사태를 주시하고 있던 로마의 주교이자 유럽의 총대주

---

18 "비티니아 지역의 유명한 도시에서 열렸던, 황제가 친히 소집한 첫 번째 공의회에 버금가는 두 번째로 큰 공의회", 에우세비오스, 『콘스탄티누스 황제의 일생』 3.26. "최대한 빨리", 콘스탄티누스, 「티레-예루살렘 동방 공의회에 보내는 편지, 335년」 (발췌, 소크라테스, 『교회사』 1.34).
19 소조메노스, 『교회사』 3.9.
20 336년, 아리오스는 니코메디아의 에우세비오스가 보낸 무리에게서 호위를 받으며 마침내 콘스탄티노폴리스 황궁에 나타났고, 그의 신앙 고백을 들은 콘스탄티누스는 다음날 주일 '성 지혜' 교회에 출석해 자신과 함께 성찬에 참여하도록 허락했다. 황궁에서 나온 아리오스는 여든의 노구로 거리를 활보하던 중 급사했다. 이와 관련해 소크라테스, 『교회사』 2.37-38 참고.

교였다.

티레에서 아타나시오스를 변호했던 사람이자, 아타나시오스와 마찬가지로 콘스탄티노폴리스에서 주교 임지로 돌아가지 못하고 유배지로 떠난 사람은 갈라디아 지역 앙키라의 주교 마르켈로스였다. 파면 처분을 받아 유배된 아타나시오스에 비해서 마르켈로스는 더 무거운 파문 처분을 받았는데, 아타나시오스에게 적용된 황제 거역 죄 혐의보다 더 무겁게 적용된 그의 혐의는 사벨리오스 사상 추종 죄였다. 마르켈로스에게 성자는 성육신 이전엔 성부의 순수 '우시아'였다가 성육신을 통해 성부와 구별된 '휘포스타시스'를 추가로 얻은 존재였다. 그런데 성자께서 마지막 때 성부에게 나라를 영원히 바치면서^{고전 15:24} 부활과 승천 때에 임시로 받은 왕권을 끝내 상실한다는 그의 사상에 따르면 성육신과 함께 얻은 성자의 '휘포스타시스'는 성자의 인성만을 대변하는 개념이었고, 신성을 대변하는 '우시아'와 구별된 개념이었다.[21] 엄밀히 말해서 마르켈로스의 성자론은 성육신 이전까지만 사벨리오스에게 가까운 사상과 이후로는 성자 안에 일어나는 신성과 인성의 공존에 관해 자신만의 사상을 합친 보기 드문 조합물이었다. 자신을

---

21 동방 교회는 마르켈로스를 둘러싼 모든 논란을 마르켈로스의 핵심 사상으로 판단해 그를 정죄한 데 반해서, 서방 교회는 사상가로서 모색하던 개인적 의견을 343년 세르디카 서방 지역 공의회에서 공개 철회했다는 식으로 그를 옹호했다. 이와 관련해 「세르디카 서방 지역 공의회 성명서, 343년」; 이 책 4장, "안티오키아 동방 지역 공의회, 344년" 단락 참고.

변호해 준 이 독특한 사상가에 관해 아타나시오스조차 "정죄로부터 변호 받아 마땅하다."라고 옹호하면서도 (아리오스에 맞서 '우시아'와 '휘포스타시스' 모두 성자의 완전한 신성을 대변하는 개념으로 구분 없이 사용해 온 그 자신의 관점에서 판단했을 때) "오류에서 끝내 자유로울 수 없다."라고 시인했다.[22] 327년에 안티오키아의 주교 유스타티오스를 파면으로 몰아간 혐의 중에 하나가 335년에는 앙키라의 주교 마르켈로스를 파문으로 몰아간 명시적 사유가 된 셈이었다.[23] 니케아 전역 공의회 이전까지 니코메디아와 카이사레이아의 두 동명이인이 '호모-우시아'를 영지주의 사상 그 자체로 환원하는 선전 프레임을 활용해 이 용어를 성부-성자에게 적용하는 사람들에 대한 혐오감을 조장했다면, 이후부터 영지주의 사상의 자리를 대체한 건 사벨리오스 사상이었다.

336년, '성 지혜' 교회에서 콘스탄티누스 황제와 더불어 참여할 성찬식을 단 하루 앞두고 콘스탄티노폴리스 거리를 활보하던 아리오스는 심한 복통과 함께 급사했고, 그에게 니케아 전통 안으로 들어올 개선문을 열어준 황제는 이듬해 니코메디아에서 병사했다. 니코메디아의 주교 에우세비오스에게서 임종 세례를 받은 지 8일이 채 안 되었기에 콘스탄티누스는 하얀 수세 복을 입은 채

---

22 에피파니오스, 『이단총록』 72.4.4.
23 소크라테스, 『교회사』 1.36.

로 그해 오순절 5월 22일 정오쯤 눈을 감았다.[24] 2년 후 니코메디아의 주교는 새 동방 황제로부터 부름을 받아 (니케아 전역 공의회 법령 제15조를 어겨가면서까지) 황궁 도시 콘스탄티노폴리스의 주교가 되었다.[25] 만약 요단강으로 떠나는 길에 들린 헬레나폴리스에서 콘스탄티누스 선황제의 병색이 급격히 악화되지 않았더라면, 요단강에서 그에게 임종 세례를 베푼 주교이자 콘스탄티노폴리스에서 새 황제와 처음을 함께했을지 모르는 주교는 카이사레이아의 에우세비오스였을 것이다.[26] 니코메디아의 그이가 아니라 카이사레이아의 이이가 동방 헬라어권 지역의 교권을 차지했다손 치더라도 「니케아 신경」에서 '호모-우시아'를 삭제하려는 개정 운동이 콘스탄티노폴리스를 중심으로 동방 지역에서 일어났으리라는 사실과 이를 저지하려는 반대 운동이 로마를 중심으로 서방 라틴어권 지역에서 일어났으리라는 사실 자체는 변함이 없었을 것이다.

임종을 앞두고 콘스탄티누스는 자신이 통합한 제국을 삼분해 아들 콘스탄티우스 2세를 동방 정제로, 콘스탄스와 콘스탄티누스 2세를 각각 이탈리아-일리리아 지역과 브리타니아-갈리아 지역을 통치하는 서방 정제로 세웠다. 324년 제국을 통합한 콘스탄

---

24 에우세비오스 (카이사레이아 주교), 『콘스탄티누스 황제의 일생』 4.64.
25 소조메노스, 『교회사』 3.4.
26 에우세비오스 (카이사레이아 주교), 『콘스탄티누스 황제의 일생』 4.62.

티누스가 337년 자신의 임종과 함께 제국을 분할했듯이, 325년 자신이 통합했노라 선언한 공교회를 임종과 함께 동방 교회와 서방 교회로 분할할 이도 그였다.[27] 콘스탄티누스 선 황제가 「니케아 신경」의 중심에 심어 놓은 '호모-우시아'라는 혼돈과 공허는 블랙홀이 되어 동방과 서방으로 갈라진 공교회 전통의 내부자들을 합쳐서 대략 서른 차례에 육박하는 릴레이 지역 공의회로, 그 끝에 381년 콘스탄티노폴리스 전역(사실은, 동방 지역) 공의회로 끌어들이고 있었다. 니케아에서 콘스탄티노폴리스까지 거리는 그다지 멀지 않았지만, 그 사이에 시르미움세르비아 스렘스카미트로비차을 돌아야 하는 머나먼 길이었다.

안티오키아 동방 지역 공의회, 337-338년

로마 서방 지역 공의회, 340년

동방의 새 황제 콘스탄티우스 2세는 재위에 오른 직후재위 337-361년 관례대로 특별 사면 조치를 내려 유배 중인 주교들을 대거 복직시켰고, 이에 아타나시오스 역시 트리어에서 콘스탄티노폴리스를

---

27 콘스탄티누스 2세가 제위에 오른 지 3년 만에(340년) 콘스탄스를 공격하다 사망함으로써, 제국은 실제로 콘스탄스의 서방과 콘스탄티우스 2세의 동방으로 양분되었다.

거쳐 알렉산드리아로 돌아올 수 있었다. [337년 11월] 하지만 그 즉시 안티오키아에서 소집된 동방 지역 공의회는 아타나시오스를 재파면하고 피스토스를 대체자로 임명했으며, 이에 맞서 338년 알렉산드리아에서 소집된 이집트 지역 공의회는 아타나시오스에 대한 공개 지지와 함께 피스토스를 추방했다. 338년 말 안티오키아에서 재소집된 동방 지역 공의회는 기존 혐의에다 무력행사로 혼돈을 조장한 혐의를 더해 아타나시오스에 대한 파면 선고와 함께 대체 후임 주교를 특별 호위해 줄 것을 동방 황제에게 청탁했다. 339년 4월, 후임 주교 그레고리오스가 황제의 군대와 함께 알렉산드리아에 도착하자 교회 전체가 위험에 빠지는 상황을 보다 못한 아타나시오스는 시편으로 읊조리는 성도들의 밤기도 소리를 틈타 항구로 도망쳐 로마행 배편에 몸을 숨겼다.[28] 로마에 도착한 그는 자신을 추방한 에우세비오스 계파 주교들을 "아리오스 추종자들"이란 프레임으로 몰아가며 서방 주교들 사이에 우려와 공분을 일으키는 선전 활동을 벌여나갔다.

아타나시오스가 로마로 망명한 이듬해이자 마르켈로스마저 망명한 그해 340년, 로마의 주교 율리우스는 서방 지역 공의회를 소집해 동방 출신 망명자들에게 해명할 기회를 주었고, 이들에게 내려진 징계 조치가 부당하다는 잠정적 결론에 이르게 되었다.[29]

---

28 소조메노스, 『교회사』 3.6.
29 이들 두 명 외에도 니코메디아의 에우세비오스에게 주교좌를 내준 콘

로마 주교 및 50여 명의 서방 주교들은 한 지역 공의회에서 내려진 파문이나 추방 조치가 과연 정당했는지에 관해 다른 지역 공의회에서 재확인해야 한다는 내용을 담고 있는 니케아 공의회 법령 제5조항에 근거해 진상을 조사하기로 했고, 이에 따라 335년 당시 티레-예루살렘-콘스탄티노폴리스로 이어진 동방 지역 공의회에 참석했던 주교 중 몇몇을 증인 자격으로 초청했다.[30] 게다가, 망명자들의 증언대로 동방 교회가 「니케아 신경」을 버리고 아리오스의 사상을 따르는지 이 기회에 확인할 참이었다.

안티오키아 동방 지역 공의회, 341년

로마 서방 지역 공의회, 341년

에우세비오스 계파 동방 주교들은 파면 처분 후 뉘우치지 못할망정 서방 주교들을 상대로 자신들에 대해 흑색선전을 일삼는 이들과 대면해 더불어 성찬 교제를 나눌 수 없다는 이유를 들어 초청을 거절하고 참석하지 않았다. 그 대신에 주교인 자신들이 장로인 아리오스의 "추종자"가 아니라 정반대로 "처음부터 사도들

스탄티노폴리스의 주교 파울로스 그리고 팔레스티나 가자의 주교 아스클레파스가 비슷한 시기에 로마로 망명했다. 이와 관련해 소조메노스, 『교회사』 3.8 참고.
30 율리우스 (로마 주교), 「동방 교회에 보내는 편지, 340/1년」.

이 전해준" 정통 신앙으로 아리오스를 검증하고 확인해 받아들인 "계도자"라는 취지를 담은 반박 성명서를 보냈다.[31] 성명서에 첨부한 참고 자료, 곧 「니케아 신경」의 형식을 따라 정통 신앙을 간략히 정리한 약식 신경에서 동방 주교들은 「니케아 신경」에 '호모-우시아' 문구가 들어간 자리를 아타나시오스더러 보란 듯이 파내었다. 그리고, 성자에 관한 「니케아 신경」의 최종 고백인 "산 자와 죽은 자를 심판하러 오십니다." 자리에 (종말에 성자는 성부에게 나라를 바치고 왕권을 상실한다는 식으로 주장한) 마르켈로스더러 보란 듯이 "모든 시대마다 왕이신 하나님으로 존재하십니다."라는 구절을 추가했다. 게다가, 「니케아 신경」 부록에 적시된 파문 조항의 내용을 추가 보강하는 방식으로 자신들이 아리오스의 추종자가 아니라 계도자임을 마지막까지 강조했다.

반박 성명서가 발송된 장소는 선 황제 콘스탄티누스가 건축을 시작해 현 황제 콘스탄티우스 2세가 봉헌한[327-341년] 안티오키아 '황금전'라. 도무스 아우레아 대교회였다. 봉헌식 이후 곧바로 동방 지역 공의회로 모인 97여 명의 동방 주교들은 대교회에서 1차 발송한 성명서와 약식 신경에 이어서 정식 신경을 작성해 로마 주교 앞으로 2차 발송했다. 여기서 동방 주교들은 「니케아 신경」에 "성자는 성부에게서, 곧 성부의 '우시아'에서 낳음 받으신 독생자이십니다."

---

31 「안티오키아 제1차 신경, 341년」

라고 고백하는 문구를 "성자는 모든 시간 이전에 성부에게서 낳음 받으신 독생자이십니다."란 문구로 개정했다. 그러면서 '우시아' 용어 없이 그 의미만을 "모든 시간" 밖에 존재하는 초시간적 영속성을 강조하는 서술이자 "모든 시간" 안에 존재하는 피조물과 근본 격차를 강조하는 서술로, 한 마디로 성자를 피조물로 보았던 아리오스의 초기 사상을 부정하는 서술로 풀어 놓았다.[32] 이어서 "성자는 성부와 '호모-우시아'를 공유하신 하나님이십니다."란 문구로 채워졌던 「니케아 신경」의 자리, 하지만 1차 발송한 약식 신경에서 빼놓은 빈자리는 "성자는 신격과 '우시아'와 의지와 능력과 영광에서 성부의 완전한 형상(닮은꼴)이십니다."란 문구로 마저 채웠다.[33] "성자는 … '우시아'에서 … 성부의 완전한 형상"이란 표현 안에 동방 주교들은 성부와 성자의 '우시아'는 똑 닮았지만 엄밀히 말해 똑같지 않다는 함의를, 따라서 그런 '우시아'를 담고 있는 성자의 '휘포스타시스'도 성부의 것과 구별되게 다르다는 함의를 담았다.

'성부'와 '성자'와 '성령'이라는 이름은 무근하거나 무효하지 않습니다. 각 이름이 가리키는 각 존재가 지닌 고유한 '휘포스타시스',

---

32 아리오스의 초기 성자론 사상에 관해 이 책 2장, "이집트 알렉산드리아" 단락 참고.
33 「안티오키아 제2차 신경, 341년」 안티오키아 대교회 봉헌식 이후 작성되었다고 해서 흔히 「안티오키아 봉헌 신경」이라고 부른다.

즉 고유한 지위와 영광을 정확하게 뜻합니다. 그러므로 성부와 성자와 성령은 '휘포스타시스'로는 셋이고, ['우시아'가 아닌] '심포니아'^통치 조화 로는 하나입니다.

대다수 동방 주교에게 '우시아'는 '휘포스타시스'와 마찬가지로 성부와 성자와 성령이 서로 구분되어 셋인 근거이면서, 동시에 각 '휘포스타시스'를 조화로운 일치로 묶어주는 공동의 연결고리였다. 안티오키아의 대순교자 루키아노스가 전승해 주었다는 "'우시아'에서 … 성부의 완전한 형상"이란 표현 속 성자는 한마디로 성부와 '호모이-우시아' 관계였으며, 이는 알렉산드리아의 장로 아리오스가 견지한 '헤테로-우시아' 관계와 알렉산드리아 주교 아타나시오스가 견지한 '호모-우시아' 관계에 대한 이중 부정이자 동시에 상호 절충이었다.[34]

2차 성명서 발송 후 동방 주교들은 동방 황제^콘스탄티우스 2세 에게 아타나시오스를 추가 고발했고, 서방 주교들은 서방 황제^콘스탄스 에게 동방 주교들을 증인으로 소환해 달라고 요청했다.[35] 서방 황제의 요청에 동방 황제는 동방 주교 3명을 대표단으로 보냈고, 이들은 트리어로 가서 「안티오키아 제4차 신경」을 서방 황제 앞에 내놓았는데 「안티오키아 제2차 신경」 혹은 「안티오키아 봉헌 신경」

---

34 소조메노스, 『교회사』 3.5.
35 소조메노스, 『교회사』 3.10.

에서 '우시아' 용어를 위해 남겨두었던 마지막 한자리마저 치워 버렸다.[36] 동방 주교들이 사벨리오스 사상에 맞서 성부-성자-성령이 지닌 고유한 '휘포스타시스' 셋을 지키고자 '우시아'를 버리기 시작하는 동안, 서방 주교들은 아리오스의 사상에 맞서 '우시아' 하나를 지키고자 「니케아 신경」의 추가 파문 조항에서 이미 호환할 수 있는 유의어로 사용한 '휘포스타시스'마저 하나임을 강조하기 시작했다. 그러면서, 성부-성자-성령의 고유한 각 신격을 가리키는 용어로 (동방 주교들이 사용하는) '휘포스타시스' 대신 '프로소폰'을 사용했는데, 원래 "연극배우의 가면"을 뜻하는 이 용어는 사벨리오스 사상에 민감한 동방 주교들에겐 하나님 한 분이 때에 따라서 성부의 가면, 성자의 가면, 혹은 성령의 가면을 쓰고 번갈아 나타나신다는 오해를 불러일으키는 위험천만한 불장난으로 비칠 뿐이었다.

'휘포스타시스'와 '우시아'를 구별해 사용하는 동방 주교들의 시선에 '휘포스타시스' 대신 '프로소폰'을 사용하는 서방 주교들은 사벨리오스의 추종자들처럼 보이기 시작했고, 반대로 '휘포스타

---

36 「안티오키아 제4차 신경, 341년」 3명의 동방 대표단 주교는 킬리키아 지역 네로니아스의 주교 나로키소스, 트라키아 지역 헤라클레아의 주교 테오도레, 그리고 시리아 지역 아레투사의 주교 마르코스였다(소조메노스, 『교회사』 3.10 참고). 제3차 신경은 티아나의 주교 테오프로니오스가 자신의 정통성을 입증하려고 341년 동방 지역 공의회에 제출한 신앙 고백이다(아타나시오스, 『아리미눔-셀레우키아 공의회 비평』 24 참고).

시스'와 '우시아'를 구별하지 않고 사용하는 서방 주교들의 시선에 "성부-성자-성령의 '휘포스타시스'는 셋이다."라고 주장하는 동방 주교들은 일신론자들이 아닌 삼신론자들처럼 보이기 시작했다. 트리어를 떠난 동방 교회 대표단이 로마에 들리지 않고 그대로 동방으로 돌아가 버리자, 로마 주교는 341년 서방 지역 공의회를 재차 소집해 동방 지역 공의회가 아타나시오스에게 선고한 파면 조치는 물론이거니와 사벨리오스의 추종자라는 이유로 마르켈로스에게 선고한 파문 조치에 대해서도 원천 무효를 선언해 버렸다.[37]

세르디카 전역 공의회, 343년

필리포폴리스 동방 지역 공의회, 343년

세르디카 서방 지역 공의회, 343년

동방 교회와 서방 교회 사이에 고조되는 갈등을 지켜보며 전역 공의회의 필요성을 느끼고 있던 동방 황제와 서방 황제 사이 공감대는 이듬해 342년 초부터 형성되기 시작해서 343년 여름에 무르익었다. 동방 황제가 페르시아와 전쟁을 치르는 상황이었음

---

37 율리우스 (로마 주교), 「로마 서방 지역 공의회 성명서, 341년」 (발췌, 아타나시오스, 『아리오스 논박』 21-36).

에도 더 이상 전역 공의회를 미룰 수 없었던 터라 서방 황제가 양측 주교들을 서방의 최동단 도시 세르디카(불가리아 소피아)로 소집했다. 마지못해 소집에 응한 대략 76여 명의 동방 주교들은 아타나시오스와 마르켈로스의 참석을 문제 삼아 공의회 참석을 거부하며 집단 농성에 들어갔고, 그러던 중 때마침 동방 황제가 페르시아를 상대로 승리했다는 소식이 들려오자, 전승 기념식 참석을 빌미로 세르디카를 떠나버렸다. 동방 지역의 최서단 도시 필리포폴리스(불가리아 플로브디프)로 철수한 이들은 성명서를 작성해 아타나시오스와 마르켈로스에 대한 기존 처벌 조치의 정당성과 유효성을 재확인하는 내용과 더불어 기존 「안티오키아 제4차 신경」에다 기존 파문 조항을 확장한 다음 내용을 서방 측에 전달했다.[38]

>그러나 성자가 무존재에서 나오셨다고 말하는 자들,
>하나님 외 다른 '휘포스타시스'에서 나오셨다고 말하는 자들,
>그리고 성자가 존재하시기 전부터 시간과 시대가 존재했다고 말하는 자들을
>거룩한 공교회는 외부인으로 여깁니다.
>　　[함의: 그럼에도 서방 주교들은 우리 동방 주교들을 예전에 이렇게 말했던 아리오스의 추종자들로 오해하고 있습니다.]
>마찬가지로 하나님이 세 분이라고 말하는 자들,
>　　[함의: 그럼에도 서방 주교들은 우리 동방 주교들을 다신론

---

38 「필리포폴리스 동방 지역 공의회 성명서, 343년」.

자들로 오해하고 있습니다.]
그리스도는 하나님이 아니라고 말하는 자들,
　　[함의: 그럼에도 서방 주교들은 우리 동방 주교들이 이렇게
　　말하는 사모사타 출신이자 한때 안티오키아의 주교였던 파
　　울로스의 추종자들로 오해하고 있습니다.]
그리스도가 세상이 창조된 태초 이전에는 그리스도 혹은 성자가
아니었다고 말하는 자들,
성부-성자-성령이 사실은 한 분이라고 말하는 자들,
성자가 낳음 받으시지 않았다고 말하는 자들,
성부가 자기 선택이나 의지로 성자를 낳으시지 않았다고 말하는
자들은
거룩한 공교회에서 파문합니다.
　　[함의: 그럼에도 서방 주교들은 사벨리오스를 뒤따라 이렇게
　　말하는 마르켈로스를 잘못 옹호하고 있습니다.][39]

　　세르디카에 남아있던 대략 250-300여 명의 서방 주교들은 호시오스를 중심으로 결의하여 동방 주교들의 집단행동을 이끈 "에우세비오스 계파" 지도부를 향해 파면 선고에 이어 파문 선고까지 내렸다. 이들을 더 이상 "주교"라고 부르지 않기로 결의한 파면이 "모함, 투옥, 살인, 채찍질, 편지 위조, 처녀의 옷을 벗기는 성추행" 같은 윤리적 범죄부터 「니케아 교회 법령」 제15, 16조항을 어기고 "작

39　파문 조항마다 숨겨진 함의는 344년 안티오키아 지역 공의회에서 일곱 단락 분량으로 덧붙인 추가 해설을 통해 자세히 드러난다. 이와 관련해 「안티오키아 동방 지역 공의회 성명서, 344년」 참고.

은 교구에서 큰 교구로 주교직을 옮기는" 교회적 범죄까지 적용되는 선고라면, 더 이상 "그리스도인"이라고 부르지 않기로 결의한 파문은 「니케아 신경」에서 벗어난 사상적 범죄에 적용되는 선고였다. 세르디카에서 서방 주교들은 아타나시오스를 파면시킨 자들을 역 파면하고 마르켈로스를 파문시킨 자들을 역 파문함으로써 호시우스가 세르디카로 친히 데려온 두 망명자에 대해 341년 로마 서방 지역 공의회가 내린 무혐의 선고를 재확인했다.[40]

파문 선고를 통해 서방 주교들이 에우세비오스 계파의 이마에 새긴 낙인이란 다름 아니라 "아리오스파" 혹은 "아리오스 이단파"였다. 서방 최동단 싱기두눔세르비아 베오그라드의 주교 우르사키오스와 무르사크로아티아 오시예크의 주교 발렌스를 두고 서방 주교들은 동방 "아리오스 이단"의 나팔수가 되어서 성부-성자-성령이 서로 다른 별개의 '우시아'를 지니고 있다는 이단 사상을 서방 지역에 퍼뜨리고 있다며 맹렬히 비판했다. 그러고 나서 이들 이단이 사용하는 '우시아' 용어 대신 앞으로는 '휘포스타시스'를 공교회의 공용어로 사용하기로 결의하고, 이에 따라서 "성부-성자-성령의 '휘포스타

---

40 「세르디카 서방 지역 공의회 성명서, 343년」 성명서에 적시된 피고인은 "유럽 헤라클레아의 주교 테오도로스, 킬리키아 네로니아스의 주교 나르키소스, 시리아 안티오키아의 주교 스테파노스, 시리아 라오디케아의 주교 게오르기오스, 팔레스티나 카이사레이아의 주교 아카키오스, 소아시아 에페소스의 주교 메노판토스, 모시아 싱기두눔의 주교 우르사키오스, 그리고 판노니아 무르사의 주교 발렌스"였다.

시스'는 하나이다."라고 전격 선언했다.[41]

니케아 전역 공의회에 이어 이번 (반쪽짜리) 전역 공의회에서도 의장을 맡은 호시우스 뒤에서 이 선언을 주도한 로마의 주교는 15년 전 '휘포스타시스' 셋을 주장하던 에우세비오스의 손을 들어준 콘스탄티누스 선 황제의 판결을 뒤집고 당시 '휘포스타시스' 하나를 주장하던 패배자 유스타티오스의 손을 대신 들어주었다. 이는 동방의 에우세비오스 계파 주교들을 향해 '우시아'에서 '휘포스타시스'로 전선을 확대할 거란 선전 포고였다.

안티오키아 동방 지역 공의회, 344년

밀라노 서방 지역 공의회, 345년

세르디카 전역(?) 공의회의 폐막과 함께 아타나시오스는 로마로 돌아가는 대신 동방과 인접한 나이수스^{세르비아 니시}로 거처를 옮겼다. 그런 그에게 동방으로 돌아갈 길이 아예 열리기 시작한 건 이듬해 344년 여름 무렵이었다. 페르시아와 대치 상태에서 내부적 일치를 모색하던 동방 황제는 아타나시오스를 둘러싼 서방 지

---

[41] 「세르디카 서방 지역 공의회 성명서, 343년」 호시우스는 아타나시오스의 조언을 받아들여, 로마 주교 율리우스에게 별로도 보낸 편지에서 「세르디카 서방 지역 공의회 성명서」가 「니케아 신경」에 대한 부정도 대안도 아니라 다만 보충 설명이라고 해명했다.

역 공의회의 일관된 무죄 결론과 더불어 서방 황제의 거듭된 사면 권유를 고려해 우선 아타나시오스에게 동조했다는 이유로 아르메니아에서 유배 중이었던 알렉산드리아 교회 장로들과 집사들에 대한 사면으로 이어졌다.[42] 때맞추어 안티오키아에 재소집된 동방 주교들은 동방 황제의 유화 정책에 발맞추어 아타나시오스를 파면한 교회법적 사유는 유야무야 넘어가고 마르켈로스를 파문한 사상적 사유의 정당성을 입증하는 데 역량을 선택 집중했다. 니케아 공의회 이후 '우시아'에서 '휘포스타시스'로 성부-성자 유일신론 논쟁이 확전된 상황에서 마르켈로스는 아리오스 그리고 파울로스^{사모사타 출신}와 함께 안티오키아 전통의 정통성을 입증하기까지 밟고 올라야 할 디딤돌이었다.

동방 주교들은 343년 필리포폴리스 동방 지역 공의회에서 결의한 성명서에 담긴 기존 「안티오키아 제4차 신경」의 본문과 파문 조항 끝에다 장장 일곱 단락 분량에 이르는 추가 해설을 덧붙였다.[43] 그중에서 "하나님이 세 분이라고 말하는 자들"에 관한 파문 조항, 즉 자신들을 표적 삼는 조항에 덧붙인 추가 해설에서 동방

---

42 아타나시오스, 『아리오스 추종파의 역사』 21.
43 343년 세르디카 서방 지역 공의회에서 마르켈로스는 논란이 된 그의 사상을 공식 철회했고, 서방 주교들은 이를 바탕으로 그에 대한 파문 조치가 무효하다고 선언했다. 하지만, 그의 제자 포티노스를 통해 문제의 사상이 계속 확산하고 있는 상황은 서방 주교들의 입장을 난처하게 만들었다.

주교들은 성부-성자-성령 세 분에 적용해오던 '휘포스타시스' 용어 대신에 서방 주교들이 선호하던 '프로소폰' 용어를 사용하는 파격적 제스처를 취했다. 그리고 해설문의 최종 결론부에서 성부-성자-성령께서 "신성의 존엄"과 "통치의 조화"로는 완전한 "삼합체"임을 ('우시아'를 배제한 채) 강조함으로써, 서방 측에서 자신들더러 "하나님이 세 분이라고 말하는 자들"이라며 문제 삼는 원인이 된 용어 '휘포스타시스'를 철회하는 대가성으로 자신들이 문제 삼아온 '우시아'의 삭제 역시 정당화했다.

추가 해설문의 시작과 끝부분을 통해 서방 주교를 상대로 협상을 시도하는 가운데 동방 주교들은 해설 본문의 절반 이상을 마르켈로스의 이단성을 파헤치는 데 집중 할애했다. 특히, 마르켈로스의 제자이자 시르미움의 주교 포티노스가 서방 주교들로 하여금 마르켈로스에 대한 지지 선언을 끝내 철회할 수밖에 없게 한 원인 제공자가 된 것을 고려하면 해설문을 통해 이 인물이 '스코티노스'라는 이름으로 개명했다는 최근 신상 정보까지 파악해 알려준 동방 주교들의 가상한 노력은 결코 헛되지 않았다. 앞서 343년 세르디카 서방 지역 공의회에서 마르켈로스가 자신들 앞에서 공식 철회했던 사상이 그의 제자를 통해 서방 동단 지역에서 확산하는 현상을 인지한 서방 주교들은 345년 초 밀라노 서방 지역 공의회로 모여 포티노스를 파문하고 그의 스승 마르켈로스에 대한 공개 지지 선언을 철회했다.[44] 그 대신, 343년 세르디카 서방 지역 공의회에서 동방 아리오스 사상의 나팔수라는 이유로 파문했던 싱기두눔의 주교 우르사키오스와 무르사의 주교 발렌스를 다시 성찬 교제로 받아들이면서까지 서방 주교들은 344년 안티오키아 동방 지역 공의회에서 작성한 추가 해설문을 들고 밀라노까지 찾아온 동방 교회의 대표단에게 화해의 손을 내밀었다. 양측 사이에 마침내 성사된 성찬 교제를 앞두고 서방 측이 그들의 뇌리에 아리오스 사상으로 새로 각인된 "성부-성자-성령의 '휘포스타시스'는 셋이다." 공식을 동방 측이 철회하는 것으로 알겠다며 노파심에 못 박으려는 순간 동방 교회 대표단은 그대로 튕겨 나가 동방으로 돌아가 버렸다. 그럼에도 동방 교회는 우르사키오스와 발렌스를 복직시킨 서방 교회와 발맞추어 아타나시오스를 알렉산드리아의 주교로 복직시킴으로써 언제라도 성찬 앞에 마주 앉을 수 있다는 여지를 서방 측에 남겼다.[45]

시르미움 동방 지역 공의회, 351년

---

44 힐라리우스, 『아리오스 논박 총서』 9.3.
45 그해 345년 6월에 알렉산드리아의 주교 그레고리오스가 사망하자 11월 동방 황제는 아타나시오스에게 복직 명령을 내렸고, 아타나시오스는 서방 황제와 동방 황제를 차례로 방문한 뒤 이듬해 346년 10월이 돼서야 마침내 알렉산드리아로 돌아왔다.

아를 서방 지역 공의회, 353년

밀라노 서방 지역 공의회, 355년

아타나시오스의 복직과 함께 찾아온 3년이라는 비교적 길었던 소강상태를 깨뜨린 건 350년 1월에 들려온 서방 황제 콘스탄스의 임종 소식이었다. 곧장 서방으로 진격한 동방 황제 콘스탄티우스 2세는 서방과 접경지역인 시르미움^{세르비아 스렘스카미트로비차}을 통치 거점으로 잡고 351년 동방 지역 공의회를 소집했다. 소집에 응한 동방 주교들은 그동안 「안티오키아 제4차 신경」 본문에 덧붙여 왔던 341년 파문 조항과 343년 추가 파문 조항 그리고 344년 추가 해설을 전체 21개 파문 조항으로 정리하고 종합해 「시르미움 신경」이란 이름으로 내놓았다.[46] 그 가운데 "성부-성자-성령의 '프로소폰'은 하나이다."라고 말하는 자는 파문한다고 적시한 제19조항을 통해 동방 주교들은 "성부-성자-성령의 '휘포스타시스'는 하나이다."라는 서방 측의 입장과 "성부-성자-성령의 '휘포스타시스'는 셋이다."라는 동방 측의 정반대 입장 모두 틀리지 않다는 모순을 암묵적으로 포용했다. 간단히 말해서, '휘포스타시스' 용어 자체를 유일 신앙 고백에서 내쫓아 버렸다.

---

46 「시르미움 제1차 신경, 351년」

이후 서방 갈리아^프랑스 지역까지 진격한 콘스탄티우스 2세는 353년 8월 마그넨티우스 장군을 상대로 승리하면서 동방과 서방을 재통합한 전역 황제가 되었다. 곧바로 아를에서 서방 지역 공의회를 소집한 황제는 서방 주교들도 「시르미움 신경」에 서명함으로써 이 모순을 포용하도록, 그러나 신경의 본문을 이루는 「안티오키아 제4차 신경」을 따라서 '호모-우시아'는 배제하도록 압박했다. 트리어 주교^파울리누스와 더불어 로마 주교의 대리자 자격으로 참석한 장로 두 사람 중 하나를 제외한 모든 참석자가 우르사키오스와 발렌스의 뒤를 따라 「시르미움 신경」에 서명했다. 서명한 대리자와 서명 거부한 대리자를 통해 찬성도 반대도 아닌 유보적 입장을 황제에게 표명한 로마의 주교 리베리우스는 「니케아 신경」을 둘러싸고 발생한 동방과 서방 사이 갈등을 「시르미움 신경」으로 봉합하려는 황제의 거센 압박에서 벗어날 시간을 벌려 했다. 로마 주교는 새 황제에게 전역 공의회 소집을 요청했다.[47]

355년, 황제는 전역 공의회 대신 서방 지역 공의회를 밀라노에서 소집했고, 여기에 동방 측 대표단을 끼워 넣어 구색이라도 맞추려는 시늉을 보였다. 본회가 시작되자 이탈리아 베르첼룸^베르첼리의 주교^에우세비우스가 「니케아신경」 사본을 펼쳐보이며 이 문서에 서명한 자만이 본회 논의에 참여할 자격이 된다며 주교들 앞에 펜

---

47 힐라리우스, 「역사 자료 단편집」 5.6.

을 내밀었고, 무르사의 주교 발렌스가 펜을 가로채고선 서명을 막아섰다. 황제의 압박 아래 30여 명의 서방 주교들은 「니케아 신경」 대신 「시르미움 신경」에 서명했고, 로마 주교와 베르첼룸의 주교를 뒤따라 서명을 거부한 이들은 유배되었다.[48] 이 무렵[353-356년 『니케아 공의회 교령에 관하여』]를 작성하고 유포하며 「니케아 신경」을 「시르미움 신경」으로 대체하려는 황제와 동방 주교들의 광폭 행보에 저항하던 아타나시오스는 356년 1월 황제의 체포 명령장을 들고 알렉산드리아에 들이닥친 군대를 피해 테베 지역 수도사들의 거처로 은신해야 했다.

시르미움 신경

유배 중이던 로마의 주교 리베리우스는 「시르미움 신경」에 더해 아타나시오스의 파면까지 서명하고 나서야 357년 봄에 로마로 돌아올 수 있었고, 코르도바의 주교 호시우스는 그해 시르미움으로 소집된 서방 대표 주교 중에서 맨 마지막까지 버티다 라틴어로 작성된 문서 한 건에 끝내 서명하고 나서야 코르도바로 돌아올 수 있었다. 흔히 「시르미움 신앙 정식」으로 회자되는 이 문서는 "여러 사람들이 라틴어로 '섭스탄시아'라고 부르거나 헬라어로 '우시

---

48 힐라리우스, 「콘스탄티우스 2세 황제에게 보낸 편지, 355/356년」 1.8.

아'라고 부르는" 용어가 성경에서 하나님과 관련해서 사용되지 않았다는 이유로, 그리고 이 용어를 통해 설명하려는 성부-성자-성령에 관한 신비가 인간의 지혜를 뛰어넘는 주제라는 이유로, 그래서 많은 사람들을 넘어뜨리는 걸림돌이라는 이유로 '호모-우시아'든지 '호모이-우시아'든지 이 용어가 들어간 표현 일체를 "교회에서 일체 입 밖에 내지도 말고 설명하려고도 말아야" 한다고 단단히 못 박았다.[49] 「시르미움 신경」은 해설 성격인 「시르미움 신앙 정식」의 지원 사격을 받아 동방 교회가 거부해 온 '우시아' 용어를 제거했고, 부록 성격인 파문 제19조항의 지원 사격을 받아 서방 교회가 민감하게 여기는 '휘포스타시스' 용어 또한 제거했다.

그렇게 새 전역 황제 아래 동방 에우세비오스 계파 주교들이 작성하고 서방 주교들이 마지못해 서명한 「시르미움 신경」은 '휘포스타시스'와 함께 「니케아 신경」의 핵심 용어인 '우시아'를 무력화시키는 방식으로 니케아 전역 공의회 이후 30여 년만에 「니케아 신경」을 대체했다. 「시르미움 신경」은 그 자체로 「니케아 신경」에 대한 교정이자 대체였기에 이 작업에서 핵심인 '우시아' 용어에 대한 부정은 사실상 「니케아 신경」에서 이 용어가 사용된 '호모-우시아' 표현과 사상에 대한 부정이었다. 「시르미움 신경」으로 고백하는 신앙은 초월적 성부라는 정점 아래 그와 비교해서는 '호모이'

---

49 「시르미움 신앙 정식, 357년」

하고 모든 피조물과 비교해서는 '헤테로'하신 성자-성령이 떠받치는, 성부 중심의 삼위일체 유일 신앙이었다.

> 성부는 성자보다 위대하시고, 성자는 성부에게 종속되어 계시되 성부가 그에게 종속시킨 모든 것과 함께 종속되어 계십니다. 성부는 시작도 없으시고, 보이지 않으시며, 불멸이시고, 불변하십니다. 반면 성자는 성부로부터 낳음 받으신, 하나님에게서 나오신 하나님, 빛에서 나오신 빛이시며, 앞서 밝혔듯이 그 기원은 성부 외에는 아무도 알 수 없습니다. … 하지만 삼위일체야말로 온전하고 완전한 숫자입니다. 성령은 약속에 따라 성자를 통해 오셔서 사도와 모든 신자를 가르치고 거룩하게 하셨습니다.[50]

「시르미움 신경」을 따라 고백하는 삼위일체 신앙은 성부의 초월성에 방점을 찍는 아리오스의 사상과 성자의 "하나님에게서 나오신 하나님" 되심에 방점을 찍는 「니케아 신경」의 사상이 양립하는 모순의 포용이었다. 달리 말하자면, 「시르미움 신경」은 콘스탄티누스 선 황제에게 보낸 327년 편지에서 성자에 관해 성부와 '호모-우시아' 관계인지 여부는 침묵하면서도(사실, 부정하면서도) "모든 시간 이전에 성부에게서 낳음 받으신, 말씀이신 하나님"이라고 고백한, 니케아 공의회 이후 수정된 아리오스 사상의 포용이었

---

50 「시르미움 신앙 정식, 357년」. 성부-성자-성령에 적용된 라틴어 용어는 '페르소나'로 헬라어 용어 '프로소폰'에 상응한다.

다.⁵¹ 한 마디로「시르미움 신경」은「니케아 신경」을 선택적으로 거르고 선택적으로 수용하면서 자체 진화한 아리오스 사상의 결정체였다. 아리오스 사상을 걸러내려는 목적 하나로「니케아 신경」에 설치한 '우시아' 여과 장치를 제거했다는 것은「시르미움 신경」이라는 공교회 전통의 새 현관문을 통해 새로 유입될 것이 다름 아니라 아리오스 사상이라는 의미였다.

알렉산드리아에서 니케아로 가는 길에서 벌어진 공방전의 승리자가 알렉산드로스와 아타나시오스였고 그 승리의 기념비가「니케아 신경」이었다면, 니케아에서 시르미움으로 가는 길에서 벌어진 공방전의 승리자는 변화를 꾀한 아리오스였고 그 승리의 기념비는「시르미움 신경」이었다. 일진일퇴의 공방전은 양측 세력을 결국 '콘스탄티누스가 건설한 도시' 혹은 '새 로마'로 끌어들이겠지만, 결과에 상관없이 궁극의 승리자이면서 동시에 궁극의 패배자로 정해진 사람은 이들 모두의 선생 오리게네스였다.

---

51 아리오스,「콘스탄티누스 황제에게 보내는 편지, 327년」(발췌, 소크라테스,『교회사』1.26).

〈요약 및 정리〉

니케아 공의회 이후, 카이사레이아의 주교 에우세비오스는 예루살렘과 팔레스티나 일대를 '성지'로 조성하려는 콘스탄티누스 황제의 건축 프로젝트를 총괄하며 교권에서 급부상했습니다. 그는 동명이인의 니코메디아 주교와 손잡고 안티오키아의 주교 유스타티오스에 이어 신임 알렉산드리아 주교 아타나시오스를 차례로 몰아내며 세력을 확대했고, 그 결과 유배 중이던 아리오스가 공교회 안으로 복귀할 문이 열렸습니다. 아리오스는 성자를 피조물이 아닌 하나님으로 고백하면서도 성부와 '호모-우시아'에 대해선 침묵하는 교묘히 혼합된 고백을 통해 그 문고리를 잡았습니다. 황제와 함께 성찬 교제를 나누기 하루 전날 그는 급사했지만, 진화한 그의 사상은 이미 문지방을 넘어 공교회 안으로 스며들었습니다. 이후 '우시아'와 '휘포스타시스'를 둘러싼 용어 전쟁 속에서 동·서방 교회는 지역 공의회를 통해 서로 다른 신경과 신앙 정식을 화살처럼 날리며 충돌했습니다. 이러한 상황에서 전역 황제가 된 콘스탄티우스 2세는 분열된 공교회를 재통합하겠다며, 「니케아 신경」을 대체할 새 신경을 351년 시르미움에서 공표했습니다. '우시아'와 '휘포스타시스'라는 두 핵심 용어를 모두 제거한 「시르미움 신경」은, 공교회 전통 안으로 교묘히 스며든 아리오스 사상의 정치·신학적 승리를 기념하는 승전비가 되었습니다.

SYMBOLUM NICAENUM

〈이해 / 해석 / 적용〉

[이해] 니케아 전역 공의회 이후 유배되었던 아리오스가 공교회로 복귀할 수 있었던 배경은 무엇이었나요? 그의 복귀는 서방 라틴 교회와 동방 헬라 교회 사이에 어떤 도미노 효과를 일으켰나요?

[해석] 어떤 근거에서 「시르미움 신경」이 진화한 아리오스 사상의 승리를 상징한다고 볼 수 있을까요? 신앙이나 신학 사상을 집약적으로 표현하는 매체가 당시 신경이었다면, 오늘날 우리가 사용하는 주요 매체는 어떤 것인가요?

[적용] 공동체 안에서 의견 충돌이 있을 때, 임시적인 봉합과 명확한 결론 중 어떤 방식이 더 유익하다고 생각하시나요? 지금까지 경험해 본 갈등 중에서, 임시 봉합이 오히려 좋았던 경우가 있다면 어떤 것이었나요?

5

안티오키아의 선택

SYMBOLUM
NICAENUM

SYMBOLUM NICAENUM

5. 안티오키아의 선택

345년, 「안티오키아 제4차 신경」에다 장문으로 덧붙인 추가 해설문을 들고 서방 밀라노에 나타난 동방 교회 대표단, 그들 중 일원은 안티오키아 출신이자 당시 시리아 지역 게르마니키아의 주교인 에우도키오스였다. 그로부터 세월이 훌쩍 지난 358년 초, 황제 콘스탄티우스 2세를 따라 동방 교회 대표단의 일원으로 재방문한 서방에서 그가 젊은 시절 자신을 안수 집사로 세웠던 안티오키아의 주교 레온티오스가 별세했다는 소식을 들은 곳은 로마였다. 그 즉시 황제를 알현해 임지 게르마니키아에 급한 일이 생겼다는 핑계를 대고 로마를 떠난 그가 전속력으로 말을 달려 도착한 곳은 안티오키아였고, 거기서 그는 황제의 이름을 허위로 팔아 공석 상태인 주교좌를 차지했다.[1] 곧장 주교의 권한으로 처음 소집한 시리아 지역 공의회에서 그가 최우선으로 처리한 의결은 전임 주교 레온티오스 아래 안수 집사로 세워졌다가[대략 350년] 얼마 못되어 파면당하고만[351년] 아이티오스의 복직이었다.[2] 351년 시르미움 동방지역 공의회에서 '호모이-우시아' 측 주교들을 향해 독설을 내뱉은 댓가로 집사직에서 파면당한 이후부터 집사 선배이자 신임 주교인 에우도키오스의 도움으로 안티오키아로 되돌아오기까지 아이티오스가 정착해 머문 곳은 아타나시오스가 테베 사막으로 도망치고 없는 알렉산드리아였다. 거기서 그는 학당을 세우고 에우노미오스 같은 제자를 길러내며 아리오스 원조 사상의 불씨를 되살리고 있었다. 그런 이유로 알렉산드리아인들은 그의 학당을 일컬어 '안-호모이' 추종파라고 불렀는데, 성자는 무존재에서 지음 받은 피조물이기에 "성부와 비[안]유사[호모이]하다."라고 주장하는 극단적인 '헤테로-우시아' 사상 때문이었다.

에우도키오스는 그런 후배 집사의 복권과 함께 알렉산드리아에서 되살아난 아리오스 원조 사상의 불씨를 안티오키아로 옮겨와 퍼트려 나갈 심산이었다. 에우도키오스가 일으킨 세몰이에 카이사레이아의 주교 아카키오스 같이 봄바람에 일어나는 들불처럼 곳곳에서 적극 동조하는 이들도 있었지만, 시리아 지역 라오디

---

1 소조메노스, 『교회사』 4.12.
2 소크라테스, 『교회사』 2.37.

케아의 주교 게오르기오스 같은 이들은 「시르미움 신경」으로 급한 불부터 끄려고 애쓰는 한편 (351년 시르미움 공의회에서 아이티오스의 독설에 모욕당한 적 있던) 앙키라의 주교 바실레이오스에게 급히 도움을 요청했다. 게오르기오스의 편지를 읽는 자리에 바실레이오스와 함께 있던 이들은 콘스탄티노폴리스의 주교를 포함해서 앙키라 주교 교회의 봉헌식에 때마침 참석 중이던 비티니아 지역의 주교들이었다.

> 게오르기오스는 존경하는 [콘스탄티노폴리스의 주교] 마케도니오스, [앙키라의 주교] 바실레이오스, [니코메디아의 주교] 케크로피오스, 그리고 [니케아의 주교] 유게니오스에게 주님의 이름으로 문안드립니다. 안티오키아 도시 전체가 아이티오스가 몰고 온 파장으로 난파 직전의 위험에 처해 있습니다. 일전에 여러분들이 멸시했던 이 사악한 작자가 데리고 온 제자들이 에우도키오스 주교의 비호 아래 직분자^{집사}로 세워졌고, 아이티오스 자신은 그들의 우두머리^{집사장}가 되었습니다. 그러니 이 위대한 도시가 난파되어 온 세상이 함께 침몰하지 않도록 나서 도와주십시오. 공의회를 소집하고 주교들의 서명을 받아 아이티오스를 안티오키아 교회에서 추방하고, 에우도키오스 주교가 조작해서 직분자 명단에 올라간 그의 제자 무리를 제거해 주십시오. 에우도키오스 주교가 아이티오스와 합세해 '성자는 성부와 비슷하지조차 않다.'는 사상을 계속 내세우면서 이 사상의 추종자들을 계속 중용

한다면 안티오키아를 잃어버리는 것은 시간문제일 뿐입니다.[3]

바실레이오스는 그 자리에서 지역 공의회를 긴급 소집했고, 그해 꽃샘추위에 내린 눈보라를 뚫고 참석한 주교 11명과 더불어 불참한 주교들도 서명으로 동참할 수 있도록 성명서를 준비했다. 아리오스 원조 사상의 부활을 막고자 비티니아-갈라디아 지역 주교들이 꺼내든 방책은「시르미움 신경」이 아니라 그보다 10년 앞서 안티오키아에서 결의했던「안티오키아 봉헌 신경」이었다.「시르미움 신경」에는 없고「안티오키아 봉헌 신경」혹은「안티오키아 제2차 신경」에만 있는 것은 다름 아닌 '우시아' 용어였다. 아리오스의 원조 사상을 최초 교정할 목적으로 325년「니케아 신경」에서 "성자는 성부와 '호모-우시아'를 공유하신 하나님이십니다."라는 문구 안에 최초 사용된 이 용어는 "성자는 … '우시아'에서 … 성부의 완전한 형상^{닮은꼴}이십니다."라는 문구를 통해 341년「안티오키아 봉헌 신경」안에 마지막으로 보존되었다가 351년「시르미움 신경」에 이르러 완전히 자취를 감췄다. 잊혀진 옛 신경의 부활은 '우시아' 용어의 부활을 의미했다.

성명서를 통해 바실레이오스와 참석 주교들은 아버지와 '우시아'가 유사한 존재만이 "아들"이라 불릴 자격이 있기 때문에 성경이 예수 그리스도를 일컬어 "성자"라고 부르는 사실 자체가 그를

---

3   소조메노스,『교회사』4.18.

성부 하나님과 '우시아'가 유사한 존재로 인정한다는 뜻이라고 밝혔다.[4] 341년 당시 동방 주교들이 「안티오키아 봉헌 신경」을 통해 교정, 계도하려 한 대상이 내부의 아리오스 추종자들뿐만 아니라 외부의 서방 교회 전통이었듯이, 358년 앙키라에 모인 동방 주교들 역시 아리오스의 '헤테로-우시아' 사상뿐만 아니라 서방 주교들의 '호모-우시아' 사상에 대한 비판과 교정도 (비록 맨 마지막 한 줄의 짧고 형식적인 문장으로나마) 빠뜨리지 않았다.[5] 바실레이오스가 콘스탄티노폴리스 주교를 거쳐 황제에게 전달한 앙키라 공의회 성명서는 351년 시르미움에서 341년 안티오키아로, '호모이' 사상에서 '호모이-우시아' 사상으로 돌아가자는 복고 방안이었다.

성명서를 전해 받은 콘스탄티우스 황제는 자신의 이름을 허위 도용해 안티오키아 주교좌를 차지한 반윤리적 혐의로 에우도키오스를 유배 보냈고, 그 사이 '헤테로-우시아' 사상의 추종 세력을 이단으로 낙인찍어 안티오키아에서 축출했다.[6] 그러더니 이듬해 359년, 시르미움에서 소수의 대표 주교단을 동방과 서방에서 소집해 351년 「시르미움 신경」의 기초된 '호모이' 사상 아래 봉인하는 방식으로 비티니아-갈라티아 지역에서 꿈틀대던 '호모이-우시

---

4 「앙키라 동방 지역 공의회 성명서, 358년」 (발췌, 에피파니오스, 『이단총록』 73.3.3; 7.4.2-4).

5 「앙키라 동방 지역 공의회 성명서, 358년」 (발췌, 에피파니오스, 『이단총록』 73.11.10).

6 소조메노스, 『교회사』 14.4.

아' 사상의 부활도 마저 막았다. 이 공의회가 서명 결의한 「시르미움 제2차 신경」을 통해 황제는 341년 「안티오키아 봉헌 신경」에서 "성자는 신성과 '우시아'와 의지와 능력과 영광에서 성부의 완전한 형상^{닮은꼴}이십니다."라고 풀어 설명한 부분을 다만 "성자는 모든 면에서 성부와 유사한 분이십니다."라고 일축함으로써, '호모이-우시아' 사상을 파내 버리는 대신에 "모든 면"이란 미명 아래 깊이 매장 처리했다. 그리고 유례없이 매장 날짜와 장소를 명시하며 봉인 처리를 마쳤다.

> 우리의 주권자이시오, 가장 경건하고 영광스러운 승전자이시며, 영원한 존엄자^{아우구스투스}이신 콘스탄티우스의 면전에서 가장 뛰어난 장관인 플라비누스 에우세비우스와 히파티우스가 총독직을 수행하고 있는 로마력 '유니우스' 달 열한 번째 날^{5월 22일} 시르미움에서 다음과 같이 공교회의 신앙을 공표합니다. … 성경 어디에서도 성부-성자에게 '우시아'를 적용하지 않기 때문에 하나님과 관련해서 이 용어를 사용하는 일이 없도록 이 용어를 [공교회 신경에서] 제거하는 게 타당하다고 여기게 되었습니다. 이에 우리는 성경의 기록과 가르침에 따라서 다만 "성자는 모든 면에서 성부와 유사한 분이십니다."라고 선언하는 바입니다.[7]

서방 주교 대표단의 일원으로 참석한 무르사의 주교 발렌스는

---

7 「시르미움 제2차 신경, 359년」 유례없이 명시된 날짜 때문에 「시르미움 '날짜 명시' 신경」이라고도 불린다.

「시르미움 제2차 신경」에 서명하면서, 그 아래에다 "성자는 성부와 유사한 분이십니다."라고 조그맣게 사족을 달았다. 이를 놓치지 않은 황제가 다그치자, 발렌스는 마지못해 "모든 면에서"를 첨자로 써넣었다. 반면에, 동방 주교 대표단의 일원으로 참석한 앙키라의 주교 바실레이오스는 서명 아래에다 "모든 면"에 포함되어야 마땅한 요소를 조목조목 나열했고, '우시아' 대신 개념이 비슷한 용어를 써넣는 교묘한 방식으로 황제의 감시와 제재를 피할 수 있었다.[8] 그만큼 황제는 '우시아'의 부활을 "모든 면"이란 문구 아래 봉인하겠다는 의지를 「시르미움 제2차 신경」에 담아 이 문서에 최초 서명한 주교들을 통해 동·서방 전역에 전달했다. 지역 공의회의 소집과 주교들의 서명 요구가 뒤따를 것이란 의미였다.

아리미눔 서방 지역 공의회, 359년 5월

셀레우키아 동방 지역 공의회, 359년 9월

황제가 먼저 소집한 쪽, 즉 「시르미움 제2차 신경」에 전원 서명하기까지 더 많은 시간이 필요할 거라고 판단한 쪽은 서방 교회였다. 359년 5월, 이탈리아 아리미눔^{라미니}에 모인 400여 명의 서

---

8 에피파니오스, 『이단총록』 73.22.5-6.

방 주교 중 발렌스와 우르사키우스를 따라 「시르미움 제2차 신경」
에 서명한 이들은 불과 80여 명에 불과했고, 나머지 다수는 서명
을 거부한 채 오직 「니케아 신경」만을 유일한 표준 신앙고백으로
고수했다. 발렌스와 우르사키우스는 서명에 동참한 '호모이' 소수
파를 이끌고 나와 별도의 회합을 가졌고, 황제에게 별도의 대표단
을 보내 「시르미움 제2차 신경」에 서명한 주교들의 명단과 더불어
반대 다수파의 횡포 때문에 공의회를 일찍 떠날 수밖에 없었던 사
유를 보고했다. 서방의 '호모-우시아' 다수파 역시 이에 뒤질세라
(카르타고의 주교 레스티투투스를 앞세워) 20명의 대표단을 급파했
으나, 황제는 이들을 접견하지도 않고 트라키아 지역 아드리아노
폴리스^{튀르키예 에드리네}에다 발을 묶어 놓은 채 변방을 침탈한 게르만
부족을 평정하겠다며 언제 돌아올지 기약 없는 군사 원정을 떠나
버렸다.⁹ 원정에서 돌아온 그해 9월엔 서방 대표단에게 눈길도 주
지 않은 채 곧장 이사우리아 지역 셀레우키아^{튀르키예 실리프케}에서 동
방 지역 공의회부터 소집했다.

소집에 응한 160여 명의 동방 주교들은 한편으론 콘스탄티노
폴리스의 주교 마케도니오스와 앙키라의 주교 바실레이오스가
이끄는 비티니아-갈라티아 지역 기반의 '호모이-우시아' 다수파
그리고 다른 한편으론 안티오키아의 주교 에우도키오스와 카이

---

9   소크라테스, 『교회사』 2.37.

사레이아의 주교 아카키오스가 이끄는 시리아-팔레스티나 지역 기반의 '호모이' 소수파로 갈라져 서방 아리미눔 지역 공의회와 데칼코마니를 연출했다. 동방의 '호모이-우시아' 다수파는(혹은, 콘스탄티노폴리스 주교의 이름을 딴 마케도니오스 추종파는) '우시아' 용어를 보존해야 할 당위성을 포기하지 못하고 341년 「안티오키아 봉헌 신경」을 재비준함으로써 「시르미움 제2차 신경」의 수용을 완곡히 그러나 사실상 거절했다. 이에 반발해 공의회장을 이탈한 36명 남짓의 동방 '호모이' 소수파는 별도의 회합을 통해 「안티오키아 봉헌 신경」을 부정하지 않으면서 「시르미움 제2차 신경」을 수용할 방안을 모색했다.[10] 이들은 '우시아'를 드러내야 했던 「안티오키아 봉헌 신경」과 '우시아'를 감출 수밖에 없는 「시르미움 제2차 신경」 사이에 존재하는 정황상 차이를 비교하는 과정을 거친 뒤, 상반된 정황에서 상반된 접근을 통해 두 신경이 고백하는 신앙은 "[성자]는 보이지 아니하는 하나님의 형상이시요."[골 1:15]라는 성경의 단순하고도 심오한 가르침 안에서 결국 똑같은 하나라는 식의 성명을 결론으로 발표했다.[11]

「셀레우키아 신앙 정식」으로 불릴 이 성명서를 작성한 카이사레이아의 주교 아카키오스는 사실 성자가 모든 면에서 성부와 다

---

10 소크라테스, 『교회사』 2.39-40.
11 팔레스티나 카이사레이아의 주교 아카키우스가 작성한 「셀레우키아 신앙 정식, 359년」.

르지만 오직 의지에서만큼은 성부와 닮았다고 주장해온, '헤테로' 사상에 무게 중심을 둔 제한적(혹은, 조건적) '호모이' 사상가였다. 그와 더불어 쌍두마차를 이루는 안티오키아의 주교 에우도키오스는 대선생 루키아노스의 제자답게 기본 바탕은 '호모이-우시아' 사상가였지만, 선임 주교 레온티오스와 후배 집사 아이티오스를 통해 '헤테로' 사상을 수용한 혼합적(혹은, 전향적) '호모이' 사상가였다. 에우도키오스와 아카키오스를 따르는 시리아-팔레스티나 지역의 주교들은 「시르미움 제2차 신경」에서 "모든 면에서"를 걸러내고 "성자는 성부와 유사한 분이십니다." 부분만 받아들였다. 서방 아르미눔 공의회와 데칼코마니처럼, 셀레우키아에서 갈라진 동방 교회의 다수파와 소수파 역시 각자의 대표단을 콘스탄티노폴리스로 보냈고, 이번에도 황제가 먼저 혹은 우선 접견한 쪽은 '호모이' 소수파였다.

트라키아 니케아 신경, 359년

콘스탄티노폴리스 신경, 360년

10월 초, 황제는 마침내 서방 '호모-우시아' 대표단을 아드리아노폴리스에서 가까운 도시로 소환했다. 타지에서 4-5개월 동안 기약 없는 기다림 가운데 맥이 빠질 대로 빠져버린 서방 '호모-우시아' 추종파 대표단에게 황제가 내놓고 서명을 요구한 문서는 놀랍

계도 「시르미움 제2차 신경」에서 "모든 면에서"란 수식조차 빼고 "성자는 성부와 유사한 분이십니다."란 문구만 남긴, 곧 아카키오스가 작성한 「셀레우키아 신앙 정식」을 참고해 「시르미움 제2차 신경」을 개정한 신경이었다. 결국 황제는 시르미움 서방 지역 공의회에서 시정하라고 으름장을 놓았던 발렌스의 최초 입장대로 자신의 입장을 교정한 셈이었고, 서방 다수파 대표단 역시 서명으로 동참하라고 압박했다. 로마 주교와 서방 '호모-우시아' 다수파는 동방으로 떠난 지 반년 만에 '호모이' 소수파에게 패배하고 거지꼴로 돌아온 대표단과 성찬 교제마저 거부하며 결사 항전했으나, 황제의 압박을 견디다 못해 12월 아리미눔에서 그만 "손뼉 치고 발까지 구르는" 굴욕적인 모습으로 서명하며 승복하고 말았다.[12]

서방 '호모-우시아' 다수파가 서명한 문서의 이름은 얄궂게도 (황제가 서방 다수파 대표단을 소환한 도시의 이름을 따라) 「트라키아 니케아 신경」이었다. 현 황제 콘스탄티우스가 「트라키아 니케아 신경」을 통해 노골적으로 교정하려 한 상대는 다름 아니라 선 황제 콘스탄티누스가 325년에 공표한 「니케아 신경」이었고, 교정 방법은 「니케아 신경」에 사용된 유일한 비성경 용어인 '우시아'와 '휘포스타시스'의 제거였다.

---

12 "손뼉 치고 발까지 구르는", 히에로니무스, 『루시퍼 추종자들 논박』 18.

당시 교부들이 「니케아 신경」 안에 경솔하게 삽입한 용어 '우시아'는 성경에서 하나님과 관련해 사용된 적도 없고 그 개념을 이해하기도 어려운지라 그동안 공교회에 큰 걸림돌이 되었습니다. 그래서 우리는 이 용어를 공교회의 신경에서 일체 제거하고 앞으로는 일체 언급조차 허용하지 않는 것이 타당하다고 여기게 되었습니다. 왜냐하면 성경 어디에도 성부나 성자와 관련해서 '우시아'를 언급하지 않기 때문입니다. 그뿐만 아니라, 성부-성자-성령에 관해 '휘포스타시스' 하나라는 표현 역시 일체의 언급도 허용해서는 안 될 것입니다. 성경의 선언과 가르침에 따라서 우리는 그저 "성자는 성부와 유사한 분이십니다."라고 선언하는 바입니다.[13]

트라키아 니케아에서 황제가 손을 들어준 서방의 승자는 발렌스와 우르사키우스가 이끄는 '호모이' 소수파였고, 동방의 승자는 에우도키오스와 아카키오스가 이끄는 '호모이' 소수파였다. 여태까지 승복 선언을 하지 않는 마지막 저항 세력은 동방의 '호모이-우시아' 다수파 혹은 마케도니오스 추종파뿐이었다. 이듬해[360년] 1월, 황제는 이들의 대표 10인을 콘스탄티노폴리스로 소환해 승복 선언을 받고, 그런 김에 서방 대표 10인까지 소환해 아리미눔에서 받은 승복 서명을 영구 박제해 버릴 참이었다.

총 20명의 동·서방 대표단이 콘스탄티노폴리스 황궁에 들어서면서 마주한 이들은 훨씬 많은 수의 황제 친위대, 즉 아카키오

---

13 「트라키아 니케아 신경, 359년」.

스와 에우도키오스가 이끄는 동방 '호모이' 소수파였다. 그 분위기에 압도되어 일말의 저항 의지도 없이 황제의 분부만을 기다리던 서방 대표단과 달리, 동방의 '호모이-우시아' 다수파 대표단은 에우도키오스를 표적 삼아 마지막 일발의 저격을 노리고 있었다. 콘스탄티노폴리스의 주교 마케도니오스가 앞으로 걸어 나와 "성자는 성부와 닮지도 않았다."라는 표현이 적시된 편지 사본 하나를 황제 앞에 내보이고는 이 문서의 작성자 에우도키오스를 이단죄로 고발했다. 황제가 눈썹을 치켜세우며 쏘아보자 에오도키오스는 자신이 아니라 아이티오스 집사가 작성했다며 둘러댔고, 영문도 모르고 회의장으로 불려 온 아이티오스는 황제 앞에서 자신의 존재감을 뽐낼 수 있는 일생일대의 기회를 붙잡고픈 욕심에 그만 본인이 작성자라고 밝힌 것도 모자라 성부-성자에 관한 자신의 '헤테로' 사상을 장황하게 늘어놓기 시작했다. 첫 마디 대답에 이미 마음을 정한 황제는 듣다못해 격노하며 그를 황궁에서 내쫓아 버렸다.[14] 에우도키오스를 향한 저격은 아이티오스에게 피탄되었고, 곧바로 역 저격 당한 이는 마케도니오스였다. 1월 27일, 그를 대신해 콘스탄티노폴리스 주교좌에 앉은 이는 에우도키오스였다. 황제는 에우도키오스와 쌍두마차를 이루는 아카키오스더러 「셀레우키아 신앙 정식」을 참고해 「트라키아 니케아 신경」을 마저

---

14 소조메노스, 『교회사』 4.34; 테오도레토스, 『교회사』 2.27.

다듬게 했고, 비티니아 지역 주교 50여 명을 추가로 불러 좀 더 성대하게 구색을 맞춘 자리에서 최종 결과물인 「콘스탄티노폴리스 제1차 신경」을 공교회의 새 표준 신앙고백으로 공표했다.[15]

로마의 반격, 알렉산드리아의 해방

사람들은 330년 5월부터 로마 제국의 새 중심이 된 비잔티움을 '콘스탄티노폴리스' 즉 "콘스탄티누스가 건설한 도시"라고 불렀지만, 정작 당사자인 콘스탄티누스는 서방 출신답게 '노바 로마'$^{Nova\ Roma}$ 즉 "새 로마"라고 불렀다. 그의 후계자 콘스탄티우스 황제에게 피택되어 360년 1월부터 새 로마를 차지한 '호모이' 추종파의 득세는 2년이 채 못되어 찾아온 황제의 죽음과 함께 무너졌는데,$^{361년\ 11월}$ 그 진앙지는 다름 아니라 옛 로마였다. 원조 '전승자' 콘스탄티누스를 뒤따라 옛 로마에서 새 로마로 진격한 새 전승자는 율리우스$^{재위\ 361-363년}$였다. 황제 콘스탄티우스가 355년 11월에 서방 갈리아 지역의 부제^{카이사르}로 임명한 그를 서방 군부는 360년 2월에 서방 정제^{아우구스투스}로 추대하면서 페르시아와 대치한 동방 전선에 몰두하던 황제를 상대로 쿠데타를 일으켰다. 루테티아$^{프랑스\ 파리}$에서 소집된 갈리아 지역 공의회는 군부의 쿠데타에 편승해 율리

---

15 「콘스탄티노폴리스 제1차 신경, 360년」

아누스를 서방 정제로 공포했고, 이에 화답하듯이 율리아누스는 콘스탄티우스 현 황제가 서방 교회에 강요한 「트라키아 니케아 신경」과 「콘스탄티노폴리스 제1차 신경」을 "악마의 속임수"라고 깎아내리는 대신 「니케아 신경」을 공교회의 표준 신앙고백으로 공표했다.[16]

이제 새 로마로 향하는 율리아누스의 진격은 서방 '호모-우시아' 추종파의 반격이자 동방 '호모-우시아' 추종파 및 '호모이-우시아' 추종파의 해방을 의미했다. 콘스탄티우스의 죽음으로[361년 11월] 주인 없는 새 로마에 무혈 입성한 율리아누스 새 전역 황제는 관례대로 선 황제 아래 유배자나 도망자가 되었던 주교들의 사면과 복직부터 시행했다. 그 덕분에 도망자 신세에서 벗어나게 된 아타나시오스는 362년 2월에 알렉산드리아로 돌아왔고, 그 즉시 이집트-리비아 지역 공의회부터 소집했다. 아타나시오스가 동방 아시아 지역뿐만 아니라 서방 유럽 지역에도 송달한 공의회 성명서는 다름 아니라 「니케아 신경」에 대한 과감한 해석이었다.

> 우리가 발표하는 신앙의 상징은 성부-성자-성령께서 '호모-우시아'를 공유하심을 고백하며, 참 하나님이신 성자께서 마리아에게서 낳음 받아 참 사람이 되셨음을 믿는 것입니다. 이 신앙의 상징에 동의하지 않는 자는 모두 파문당해 마땅합니다. 우리가 발표

---

16 『파리 갈리아 지역 공의회 성명서, 360년』 A.1.1-1.2.

하는 신앙의 상징은 위대한 [비티니아 지역] 니케아 전역 공의회가 공표한 성명서가 담고 있는 다음 내용과 일치합니다.

성자는 성부와 '호모-우시아'를 공유하시며, 성령은 성부-성자와 함께 동등한 영광을 받으신다. 참 하나님이신 성자는 육신을 취하셨고, 고난을 받으셨으며, 부활하셨고, 하늘에 오르셨으며, 산 자와 죽은 자를 심판하러 다시 오실 것이다.

영광이 그에게 세세 무궁하도록 있을지어다. 아멘.[17]

아타나시오스는 '호모-우시아'를 성부-성자에게만 적용했던 「니케아 신경」의 방향성을 성령에게까지 확장 적용함으로써 도리어 「니케아 신경」이 담고 있는 성부-성자 사이 '호모-우시아' 사상을 더 군건하게 지키는 외벽으로 세웠다.[18] 성명서 말미에 "영광"을 "세세 무궁하도록" 돌린 대상으로서 "그"는 성부도 성령도 아닌 성자였다.

아타나시오스는 아시아 지역에 성명서를 송달하는 역할을 리비아에서 유배 생활하다가 이제 알렉산드리아를 거쳐 아라비아로 돌아가는 페트라의 주교^{아스테리오스} 편에, 아울러 유럽 지역에 송

---

17 「알렉산드리아 이집트-리비아 지역 공의회 성명서, 362년」
18 아타나시오스가 성부-성자 사이 '호모-우시아'를 성령에게까지 확장 적용한 가장 이른 문서 자료는 358-9년 즈음 이집트 트무이스의 주교 세라피온에게 보낸 편지이다.

달하는 역할은 테베에서 유배 생활하다가 역시 알렉산드리아를 거쳐 이탈리아로 돌아가는 베르첼룸의 주교^{에우세비우스} 편에 맡겼다.[19] 알렉산드리아에서 함께 출발한 두 주교의 길이 갈라진 분기점은 시리아 안티오키아였다. 선 황제 콘스탄티우스 시절 '호모이' 추종파의 본거지였던 시리아-팔레스티나 지역 곳곳에서는 현 황제 율리아누스의 집권을 계기로 유배에서 돌아와 결집한 '호모-우시아' 소수파의 도전과 '호모이' 다수파의 응전이 발생하고 있었고, 최대 격전지는 각각 파울리노스와 멜레니오스를 중심으로 갈라진 안티오키아였다.[20] 안티오키아에서 헤어지기 전 두 주교는 공의회 성명서과 더불어 별도의 편지 한 통을 안티오키아 '호모-우시아' 추종파의 주교 파울리노스를 거쳐 '호모이' 추종파의 주교 멜레티오스에게 최종 송달했다.

편지에서 아타나시오스는 파울리노스 측 소수파의 편에 서서

---

19 베르첼룸의 주교 에우세비우스는 355년 밀라노 서방 지역 공의회에서 「시르미움 신경」 대신 「니케아 신경」에 서명하라며 앞장서다 이집트 테베 지역으로 유배되었다. 이와 관련해 이 책 4장, "밀라노 서방 지역 공의회, 355년" 단락 참고.
20 루시퍼는 율리아누스 황제의 사면령으로 유배지에서 풀려난 서방 주교 중의 하나였고, 361년 말(혹은, 362년 초) 임지 사르디니아 섬으로 복귀하는 길에 방문한 안티오키아에서 현지 '호모-우시아' 추종파의 요청을 받아들여 그 지도자 파울리노스를 대립 주교로 세웠다. 안티오키아 교회의 내분과 혼란은 '배교자' 율리아누스 황제가 유배된 주교들에게 사면령을 내린 의중이 맞아떨어진 결과이기도 했다. 이와 관련해 테오도레토스, 『교회사』 3.4; 소크라테스, 『교회사』 3.9; 소조메노스, 『교회사』 6.7 참고.

멜레티오스 측 다수파를 회유하는 방식으로, 소위 "구교회파"라고 불리는 수구 세력이 '호모이'에서 '호모-우시아' 사상으로 건너갈 길을 막고 있는 걸림돌을 제거하는 방식으로 멜레티오스를 설득했다.[21] 그 걸림돌이란 325년 니케아 공의회에서 안티오키아의 주교(또한, 파울리노스의 선생이었던) 유스타티오스가 당시 의장이었던 호시우스 그리고 알렉산드리아의 주교 알렉산드로스와 협의하여 추가 파문록에 삽입했던 조항, "성자가 성부와 '헤테로-휘포스타시스' 혹은 '헤테로-우시아'로 존재하신다고 말하는 자들은 파문한다."는 조항에서 비롯된 것이었다. 이후 유스타티오스는 '호모-우시아'를 '미아^{하나}-휘포스타시스'로 등치시킨 공식을 잣대로 카이사레이아의 주교 에우세비오스를 "삼신론자" 혹은 "아리오스 추종자"라고 정죄했는데, 현재 '호모이' 수구 세력의 리더인 멜레티오스 주교는 그런 유스타티오스를 향해 "사벨리오스 사상의 변호자"라고 맞받아쳤던 에우세비오스의 제자였다. 한 마디로, 멜레티오스 주교의 다수파가 '호모-우시아' 사상으로 건너가는 길을 막고 있는 최대 걸림돌은 성부-성자-성령의 '우시아'가 하나이듯 '휘포스타시스' 역시 하나라고 주장하는 파울리노스 측의 논지에서 풍기는 사벨리오스 사상에 대한 역한 거부감이었다.

사실 멜레티오스는 안티오키아의 주교가 되자마자^{360년} (에우도

---

21 "구교파", 아타나시오스 (알렉산드리아 주교), 「안티오키아 교회에 보내는 편지, 362년」 3-4.

키오스 전 주교와 아이티오스 집사를 추종하던) '헤테로' 추종파로부터 모함받아 유배되었을 만큼[361년] (오리게네스와 에우세비오스의 제자답게) '호모이-우시아' 사상에 바탕을 둔 '호모이' 사상가였다. 그런 멜레티오스는 새 황제의 사면령을 통해 복직할 수 있었던 터라 [362년] 아타나시오스는 그런 그가 '호모-우시아' 사상으로 전향할 가능성이 어느 때보다 높다고 보았다. 그렇게만 된다면 아시아의 총대주교구인 안티오키아 교회가 (그 사이 자신들의 주교까지 따로 세운) '헤테로' 추종파의 아리오스 원조 사상과 완전히 결별하고 「니케아 신경」으로 오롯이 회귀할 수 있으리라는 기대감 속에, 그 결과 (325년 니케아 전역 공의회 당시처럼) 로마-알렉산드리아-안티오키아로 이어지는 공교회 전통의 척추를 다시 곧게 세울 수 있으리라는 기대감 속에 아타나시오스는 멜레티오스와 파울리노스 사이 화합을 열망하며 중재자 역할을 자처하고 나섰다.

이집트 테베 사막에서 은신하던 시절[356-361년] 아타나시오스는 '헤테로' 사상을 흡수한 '호모이' 추종파가 「트라키아 니케아 신경」과 「콘스탄티노폴리스 제1차 신경」을 앞세워 원조 「니케아 신경」을 폐기해 버리는 파상공세를 지켜보며 큰 위기감을 느꼈다. 그럴수록 '호모-우시아' 추종파와 '호모이' 추종파 사이 '호모이-우시아' 추종 중도파를 향한 이전 그의 적대감은 점차 우호감으로 바뀌어 갔고, 그럴수록 (니코메디아와 카이사레이아의 동명이인 에우세비오스가 각각 루키아노스와 오리게네스로부터 받아 물려준) 이들의 전통 유산인 '휘포스타시스' 셋 사상에 관한 그의 생각도 전향적으로 바

꿰어갔다.

그러나 니케아 공의회에서 결정한 다른 모든 것을 수용하면서 '호모-우시아'와 관련해서만 의문을 제기하는 사람들을 적으로 간주해서는 안 됩니다. 이들을 아리오스 광신도라든지 반-교부주의자들로 몰아붙여서는 안 되고, 의견이 다른 형제들과 대화하듯 이들과 논의해야 합니다. 이들과 우리는 기본적으로 뜻이 통하는 사이인데 단지 그 용어를 활용한 표현 방식에서만 의견이 갈릴 뿐입니다. 이들은 성자가 성부의 '우시아'에서 낳음 받으셨으며, 다른 어떤 '휘포스타시스'에서 나오신 것이 아니고, 피조물이나 창조된 존재가 아닌 진정하고 자연스러운 자손이시며, 하나님의 말씀과 지혜로서 성부와 영원히 함께하신다고 고백합니다. 따라서 이들은 '호모-우시아'라는 표현을 받아들이는 데서 동떨어져 있지 않습니다.[22]

'호모이' 추종파 가운데 '호모이-우시아' 사상에 열려있는 자들을 흡수하겠다는 전략으로 아타나시오스는 파울리스 주교 측을 지원해 온 (루시퍼 같은) 서방 지역 주교들뿐만 아니라, 멜레티오스 주교 측을 지원해 온 (아폴리나리오스, 키마티오스 같은) 동방 지역 주교들 또한 이집트-리비아 지역 공의회에 초청했다. 공의회에서 의장 아타나시오스는 멜레티오스 측에서 참석한 대변인들,

---

22 아타나시오스 (알렉산드리아 주교), 『아리미눔-셀레우키아 공의회 비평』 41.

즉 "'휘포스타시스' 셋이라는 표현을 사용해서 비난받는 사람들"을 향해 "그 표현이 의미하는 바는 무엇인가?"라든지 "왜 그러한 표현을 사용하는가?" 같이 파울리노스 측에서 물을법한 질문을 대신 물었다. 그러자 멜레티오스 측 대변인들은 사벨리오스 사상을 의식해서 "저희는 이름뿐인 삼합체가 아니라 … 참으로 존재하시고 존속하시는 성부, 참으로 실체가 있고 존속하시는 성자, 그리고 참으로 존속하시고 존재하시는 성령을 인정하기 때문입니다."라든지 아리오스 사상을 추종하는 삼신론자들이라는 오명을 의식해서 "저희는 거룩한 성부-성자-성령을 인정하지만 하나의 신성과 하나의 근원을 믿습니다."라는 논지로 답했다.[23]

반대로, 파울리노스가 보낸 두 명의 집사 대변인을 포함해서 서방 측 대변인들, 즉 "'휘포스타시스' 하나라는 표현을 사용해서 비난받은 사람들"을 향해 아타나시오스는 "사벨리오스가 그 표현을 사용할 때처럼 성자와 성령을 부정하는가?"라든지 "성자를 실체가 없는 존재로, 성령을 신격이 없는 존재로 여기는가?" 같이 멜레티오스 측이 물을법한 질문을 대신 물었다. 그러자 파울리노스 측 대변인들은 사벨리오스 사상을 반대한다면서 "저희는 '휘포스타시스'라는 용어를 '우시아'와 호환할 수 있는 유의어로 사용해 왔습니다."라든지 "성자가 성부의 '우시아'에서 낳음 받으셨기 때

---

23 아타나시오스 (알렉산드리아 주교), 「안티오키아 교회에 보내는 편지, 362년」 5.

문에, 그래서 성부-성자 사이 동일한 신성 때문에 '휘포스타시스'도 하나라고 믿습니다."라는 식으로 입장을 전했다.[24]

의장 아타나시오스는 동방 지역에서 둘째 가라면 서러울 정도로 자신이 앞장서서 호환할 수 있는 동의어로 줄기차게 사용해 온 '우시아'와 '휘포스타시스' 사이를 구별하는 결단을 내렸다. 그런 다음 파울리노스측 변론의 요점인 "참으로 존재하시고 존속하시는 성부, 참으로 실체가 있고 존속하시는 성자, 그리고 참으로 존속하시고 존재하시는 성령"을 '휘포스타시스' 셋이란 정식으로, 멜레티오스 측 변론의 요점인 "하나의 신성과 하나의 근원"을 '우시아' 하나란 정식으로 압축했다. 마침내 두 정식을 조합하자는 아타나시오의 제안에 양측 합쳐 스무 명의 주교가 서명으로 합의한 최종 결정은 고스란히 편지에 담겨 안티오키아의 '호모이' 추종파 주교 멜레티오스에게 최종 송달되었다. 편지의 끝자락을 장식한 것은 안티오키아 '호모-우시아' 추종파의 주교 파울리노스가 남긴 스물한 번째이자 가장 긴 분량의 서명이었다.

> 본인 파울리노스는 교부들로부터 전수받은 대로 다음과 같이 고백합니다. 성부께서 완전하게 존재하시고 존속하시며, 성자께서 완전하게 존속하시며, 성령께서 완전하게 존속하심을 믿습니다.

---

24 아타나시오스 (알렉산드리아 주교), 「안티오키아 교회에 보내는 편지, 362년」 6.

그러므로 본인은 '휘포스타시스' 셋과 '휘포스타시스' 하나 (아니, 정정합니다.) '우시아' 하나에 관해 기술한 위 문서의 내용과 그러한 믿음을 고백하는 자들을 형제로 받아들입니다. 거룩한 성부-성자-성령 하나님을 믿고 고백하는 것이 경건한 신앙 그 자체이기 때문입니다. … 그러므로 본인은 [비티니아] 니케아에서 고백된 신앙을 무시한 나머지 성자가 성부의 '우시아'에서 낳음 받으셨다는 신앙과 성부와 '호모-우시아'를 공유하신다는 신앙을 고백하지 않는 자들을 파문합니다. 또한 [마케도니오스 추종파같이] 성령이 성자를 통해 창조된 피조물이라고 고백하는 자들도 파문합니다. 다시 말하지만, 본인은 사벨리오스와 [사벨리오스 추종자라는 혐의를 받았던 마르켈로스와 그 제자] 포티노스를 추종하는 이단 및 그 외 모든 이단을 파문하고, 니케아에서 고백된 신앙과 위 문서에 기록된 모든 내용을 따르겠습니다.[25]

'휘포스타시스' 셋 정식에 '우시아' 하나 정식을 최초로 조합한 신앙 정식은 (362년 이집트-리비아 지역 공의회의 성명서가 밝히듯이) 「니케아 신경」에 대한 새 해석의 결과물, 즉 '호모-우시아'를 성부-성자 너머 성령에까지 확대 적용한 교정의 결과물이었다. 반면에, 「니케아 신경」에서 상호 호환 관계로 맺어진 '우시아'와 '휘포스타시스' 사이는 두 정식의 조합에서 더 이상 상호 호환 관계가 아닌 상호 조합 관계로(혹은, 상호 보완 관계로) 새로 맺어졌기에 그 변화

---

25 아타나시오스 (알렉산드리아 주교), 「안티오키아 교회에 보내는 편지, 362년」 11.

속에서 두 용어의 개념도 교정되어야 했다. 두 정식의 조합을 제안한 알렉산드리아의 주교 아타나시오스는 (안티오키아 교회에 별도 송달한 편지가 밝히듯이) 안티오키아의 멜레티오스와 그의 동방 지지자들이 사용하던 "존재"나 "존속"을 '휘포스타시스'의 개념으로, 그리고 안티오키아의 파울리노스와 서방 지지자들이 사용하던 "신성"이나 "근원"을 '우시아'의 개념으로 수용했다. 따라서 두 정식의 조합은 두 용어에 대한 교정된 개념을 통해「니케아 신경」을 새롭게 해석한 결과물이었다. 게다가, 두 정식의 조합은 각 정식이 교정하려 한 대상들에 대한 파문 조합이기도 했다.「니케아 신경」이 염두에 둔 파문 대상은 아리오스의 추종자들 하나였으나, 두 정식 조합이 염두에 둔 파문 대상은 (파울리노스의 서명 결론부가 밝히듯이) 아리오스 추종자들뿐만 아니라 마케도니오스와 사벨리오스의 추종자들 외에도 (영지주의자나 마니교도 같은) "모든 이단"이었다.[26] 다른 말로, 두 정식의 조합은 당시까지 출현한 모든 이단뿐만 아니라 앞으로 출현할 모든 이단을 교정하고자「니케아 신경」을 새롭게 해석한 결과물이었다.

---

26 "모든 이단" 안에 명시된 목록에 관해 아타나시오스 (알렉산드리아 주교),「안티오키아 교회에 보내는 편지, 362년」 3 참고.

안티오키아의 선택

멜레티오스는 아타나시오스의 편지에 가타부타 반응하지 않은 채 여전히 파울리노스 측과 성찬 교제를 거부했다. 편지를 전한 베르첼리의 주교는 실망을 안고 서방으로 돌아가 로마 주교 및 서방 주교들에게 경과를 알렸고, 파울리노스를 주교로 세운(그리고, 이집트-리비아 공의회에 집사 대변인 두 명을 보낸) 장본인이었던 사르디니아^{이탈리아}의 주교 루시퍼는 멜레티오스의 전향 가능성을 완전히 배제한 채 더 많은 서방 주교의 지지를 끌어내 파울리노스에 대한 지원을 한층 강화했다. 양측의 거리가 이전보다 멀어진 상황에 안절부절못하던 아타나시오에게 돌파구가 열린 건 이듬해 363년 6월이었다. 페르시아 원정에 나선 율리아누스 황제는 사마라^{이라크} 전투에서 입은 중상 후유증으로 별세했고,^{6월 22일} 근위대장 출신으로 황위에 오른 요비아누스는 페르시아측과 굴욕적인 평화 조약을 맺고서야 9월 시리아 히에라폴리스를 거쳐 10월 안티오키아로 퇴각할 수 있었다. 아타나시오스는 히에라폴리스로 달려가 새 황제를 알현하고 "전 세계의 모든 교회가 하나같이 따르는 신앙"으로 돌아오도록 멜레티오스 측을 설득해 주기를 대면과 서면으로 청탁했다. 이에 황제는 군인 출신답게 자신은 "논쟁을 혐오하고 교회의 일치를 위해 애쓰는 자들을 사랑하고 존경합니다."라는 원론

적 대답과 함께 아타나시오스를 돌려보냈다.[27]

요비아누스 황제가 안티오키아에 도착해 머무는 동안 멜레티오스는 때마침 안티오키아 지역 공의회를 소집했고, "교회의 평화와 조화를 확립하는 것이 국정 최우선 과제"이며 "정통 신앙을 인정하는 것이야말로 교회의 일치를 이루는 핵심 수단"이라고 강조한 황제의 기조에 때마침 '호모-우시아' 용어를 받아들이고 「니케아 신경」을 표준 신앙고백으로 비준한다는 파격적 성명서로 화답했다.[28] 하지만, 이 성명서는 논쟁을 혐오하는 서방 군인 출신 황제를 크게 만족시킨 겉모습 안에 아타나시오스로 하여금 안티오키아로 급히 달려오게 만든 해석, 즉 '호모-우시아'에 대해 아타나시오스의 것과 결이 다른 해석을 숨기고 있었다.

> 우리는 진리의 교리를 변질시키는 자들과 한패로 묶이지 않기 위해서 우리의 신앙을 다음과 같이 폐하게 전언하며, 니케아에서 열린 거룩한 공의회의 신앙을 받아들이고 확고히 지킬 것을

---

27 "전 세계의 모든 교회가 하나같이 따르는 신앙", 아타나시오스 (알렉산드리아 주교), 「요비아누스 황제에게 보내는 편지, 363년」 (발췌, 테오도레토스, 『교회사』 4.3). "논쟁을 혐오하고 교회의 일치를 위해 애쓰는 자들을 사랑하고 존경합니다.", 소크라테스, 『교회사』 3.25. "정통 신앙을 인정하는 것이야말로 교회의 일치를 이루는 핵심 수단", 멜레티오스 (안티오키아 주교), 「요비아누스 황제에게 보내는 안티오키아 공의회 성명서, 363년」 (발췌, 소크라테스, 『교회사』 3.25.10-18).
28 멜레티오스 (안티오키아 주교), 「요비아누스 황제에게 보내는 안티오키아 공의회 성명서, 363년」 (발췌, 소크라테스, 『교회사』 3.25).

결의하는 바입니다. 우리의 신앙은 특히나 어떤 이들에게 낯설고 부적절해 보이는 '호모-우시아'라는 용어를 교부들이 "성자는 성부의 '우시아'에서 낳음 받으셨습니다"라든지 "성자는 '우시아'에 있어서 성부와 유사하십니다."라는 현명한 표현 안에 담아둔 개념에 바탕을 두고 있습니다. 「니케아 신경」에 사용된 이 용어 '우시아'는 피조물의 출생 과정에서 필연적으로 발생하는 고통[혹은, 변형]과 관련된 개념이라든지, 또는 헬라 철학 사상[혹은, 영지주의 사상]에서 통상 쓰이는 [발출과 관련된] 개념으로 이해되어서는 결코 안 됩니다. 교부들은 다만 "그리스도는 무존재에서 창조되었다."라고 주장한 아리오스의 불경한 교리를 반박하려는 [따라서, 영원토록 불변하는 유존재이신 성부와 관련된] 개념으로 사용했습니다. 그러나 최근 등장한 '안-호모이' 추종파는 이러한 아리오스의 이단 사상을 더욱 극단적으로 펼침으로써 교회의 일치를 완전히 파괴하고 있습니다. 그러므로 우리는 니케아 공의회에서 의결한 신경을 첨부하며, 이 신앙 고백을 있는 그대로 받아들인다고 밝히는 바입니다.

이 성명서에서 멜레티오스는 성부에게서 낳음 받으신 성자의 기원에는 '호모-우시아'를 적용했으나, 그렇게 낳음 받아 얻은 성자의 구별된 '휘포스타시스'에는 「니케아 신경」과 달리 '호모-우시아'가 아닌 '호모이^{유사}-우시아'를 적용했다. 한 마디로, 멜레티오스는 341년 「안티오키아 봉헌 신경」을 참고 자료 삼아 325년 「니케아 신경」을 해석했다. 아타나시오스가 황급히 안티오키아로 달려오게 한 건 성부-성자 사이 '호모이-우시아' 관계에 생긴 틈새로 성령을 피조물로 여기는 마케도니오스 추종파 사상이 자라날 여지에 대한 우려, 그러다가 결국엔 성자에 관해서 피조물로 여기는 아리오스 추종파 사상마저 재번식할 여지에 대한 우려였다. 멜레티오스를 대면한 아타나시오스는 성명서를 두고 「니케아 신경」을 "받아들이는 척"에 불과한 "왜곡이자 부정"이라고 강변하면서 성자뿐만 아니라 성령에까지 '호모-우시아'를 확대 적용한 자신의 해석을 내세웠음에도 끝내 성찬 교제까지 이르지 못하고 빈손으로 돌아가야 했다.[29] 아타나시오스가 안티오키아에 남겨 두고 떠난 것은 「니케아 신경」에 대해 파울리노스와 멜레티오 사이만큼 서로 다른 해석을 따르는 두 교회였다. 서방 출신 율리아누스 황제와 요비아누스 황제의 진격 앞에서 안티오키아가 내린 선택은 어찌 되었든 서방 출신 콘스탄티누스 황제가 공표한 「니케아 신경」이었다.

안티오키아에서 364년 2월 16일에 돌아온 지 단 이틀 만에 아타나시오스는 재차 알렉산드리아를 떠났다. 안티오키아를 향해 여전히 남아있는 일치의 열망을(혹은, 여전히 버리지 못한 미련을) 마저 꽃피우려 그가 선택한 행선지는 안티오키아가 아닌 '새 로마' 콘스탄티노폴리스였다. 가는 길에 황제의 석연찮은 질식사[364년 2월 17일] 소식 앞에서 허탈하게 발걸음을 돌려야 했던 아타나시오스가 생전 이루지 못한 열망의 꽃은 그의 별세 후 8년 만인 381년, 그가 방향은 바로 잡았으나 미처 이르지는 못했던 그곳 '새 로마'에서 피어났다.

---

29 아타나시오스 (알렉산드리아 주교), 「요비아누스 황제에게 보내는 편지, 363년」 (발췌, 테오도레토스, 『교회사』 4.3).

〈요약 및 정리〉

변조된 아리우스 사상을 공인한 「시르미움 신경」은 자연스럽게 원조 아리우스 사상의 부활마저 부추겼습니다. 358년, 안티오키아 주교좌를 강제로 차지한 에우도키오스는 집사직에서 파면되어 알렉산드리아로 떠났던 아이티오스를 복권시키고, 그와 함께 아리우스 원래 사상의 불씨를 안티오키아로 옮겨와 확산시키려 했습니다. 이에 맞서 비티니아-갈라티아 지역 교협은 「시르미움 신경」에서 삭제되었던 '우시아' 용어를 다시 회복하고자 했지만, 곧 황제 콘스탄티우스 2세의 반격에 직면하게 되었습니다. 황제는 "성자는 모든 면에서 성부와 유사한 분이십니다."라는 모호한 표현 아래 '우시아'와 '휘포스타시스'를 제거한 359년 「시르미움 제2차 신경」을 공표하며 동·서방 교회 모두에 서명을 강요했습니다. 나아가 양측 대표단을 콘스탄티노폴리스로 소환해, 「시르미움 제2차 신경」과 「트라키아 니케아 신경」을 바탕으로 다듬은 360년 「콘스탄티노폴리스 제1차 신경」에도 서명하게 했습니다. 그러나 361년 황제가 죽고 서방 출신 율리아누스가 즉위하면서, 「니케아 신경」은 다시 공교회의 표준 신경으로 재공인되었습니다. 서방에서 일어난 반전의 흐름을 타고 아타나시오스는 362년 알렉산드리아에서 지역 공의회를 소집하여, '휘포스타시스' 셋에 '우시아' 하나라는 삼위일체 신앙 정식을 「니케아 신경」에 대한 바른 해석으로 최초 제시했습니다. 그는 '우시아' 하나(또는, '휘포스타시스' 하나)를 강조해 온 로마와, '휘포스타시스' 셋을 강조해 온 안티오키아 전통 사이의 간극을 조율하고 연대를 모색함으로써, 「니케아 신경」과 삼위일체 신앙 정식을 기반으로 공교회의 일치성과 정체성을 회복하고자 했습니다.

SYMBOLUM NICAENUM

〈이해 / 해석 / 적용〉

[이해] 에우도키오스가 무단으로 황제의 이름을 팔아 안티오키아 주교좌를 차지한 사건은 어떤 도미노 효과를 불러왔나요? 그 여파 속에서 동방 헬라어권 교회는 시리아-팔레스타나 교협과 비티니아-갈라티아 교협을 중심으로 어떻게 분열되어 갔나요?

[해석] 알렉산드리아의 주교 아타나시오스는 왜 기존 자신의 입장을 조정하면서까지, 로마('우시아'/'휘포스타시스' 하나 강조)와 안티오키아('휘포스타시스' 셋 강조) 사이의 간극을 조율하고 연대를 시도했을까요? 당신도 공동체 안에서 그런 중재자 역할을 해본 경험이 있다면, 그때 당신을 움직이게 한 동기나 계기는 무엇이었나요?

[적용] 당신이 속한 공동체 안에 지금 조율이 필요한 간극이나 긴장이 있다면, 그 당사자들은 누구인가요? 그들 사이에서 중재하거나 연합을 이끌어야 할 사람은 누구라고 생각하나요? 만약 그 역할을 당신이 맡게 된다면, 어떤 태도와 방식으로 접근하고 싶나요?

6

두 로마와 크테시폰의 해석

SYMBOLUM
NICAENUM

6. 두 로마와 크테시폰의 해석

370년 로마에서 소집된 서방 지역 공의회가 발송한 성명서를 받아 이를 아프리카 동방 지역[이집트-리비아]에 전달한 중개자는 알렉산드리아의 주교 아타나시오스였다. 공의회 성명서에서 로마 주교는 오직 「니케아 신경」만이 그리스도교 신앙고백의 유일한 기초임을 재확인했고, 이 기초를 놓았던 당시 교부들이 그 위에 세워지는 걸 보고팠던 신앙고백의 첨탑은 "성부-성자-성령은 하나의 신적 속성, 하나의 신적 권능, 하나의 신적 성품, 그리고 하나의 신적 '우시아'를 공유하신다."라는 고백이 분명하다는 서방 측의 해석을 밝혔다.[1] 아타나시오스가 테베에서 유배를 마치고 베르첼룸 임지로 복귀하는 에우세비우스 주교 편에 로마로 송달한 362년

---

1 「로마 서방 지역 공의회 성명서, 370/2년」.

이집트-리비아 지역 공의회의 성명서는 8년 만에 메아리로 응답되어 돌아왔다.

아프리카의 총대주교인 아타나시오스의 이름값에 걸맞게 다른 동방 지역에서 서방 유럽의 총대주교로부터 성명서를 받을만 한 또 다른 수신자가 있다면 아시아의 총대주교인 멜레티오스 즉 안티오키아의 주교였을 테지만, 그를 대신해 성명서를 받아 전달한 이는 카파도키아 지역 카이사레이아의 주교 바실레이오스(330-379년)였다. 40대가 채 안 된 무명의 신병 주교는 산전수전 다 겪은 노병 멜레티오스뿐만 아니라 아타나시오스와도 의견 교환하고 수렴한 끝에 "성자는 성부와 '호모-우시아'를 공유하시고 성령은 성부-성자와 동등한 영예 가운데 경배받으신다는 신앙 고백이 온전한 교리입니다."라며 동방 측의 입장을 서방 측에 대변했다.[2]

「니케아 신경」을 두고 성령에까지 '호모-우시아'를 적용한 아타나시오스의 진보적 해석보다는 "동등한 영예"라는 멜레티오스의 보수적 해석을 수용한 카파도키아의 젊은 대변인은 곧 소집될 동방 지역 공의회를 기점으로 「니케아 신경」이 그리스도교 신앙의 유일한 기초로서 동방 지역에 완전히 자리 잡을 수 있도록 서방 측에서 대규모 대표단을 보내어 힘을 보태달라는 요청으로 회

---

2 바실레이오스 (카파도키아 카이사레이아 주교), 「서방 교회에 보낸 편지, 372년」. 이와 관련해 추가로 「아타나시오스에게 보낸 편지, 371년」; 「멜레티오스에게 보낸 편지, 372년」 참고.

신을 마무리했다. 이에 대한 답신에서 로마 주교는 서방의 지원을 받으려면 "서방 교부들이 새겨놓은 문자 그대로" 신앙을 고백할 것을 선결 조건으로 요구했으나, 동방 측 대변인은 험한 날씨 탓에 편지가 분실될 우려가 있다는 얼토당토않은 이유를 들어 당분간 그렇게 할 수 없다는 거절 의사를 그것도 요구 당사자가 아닌 송달자^{폰투스의 에바그리오스}에게 에둘러 밝혔을 뿐이었다.[3]

카파도키아의 주교 삼인방과 히스파니아의 군관

바실레이오스는 본래 아타나시오스가 테베 사막에서 은신하던 시절^{356-361년} "아리오스 광신도"가 아니라 '우시아'와 관련해서만 "의견이 다른 형제들"이라고 우호적으로 평가했던 이들, 즉 비티니아-갈라디아-카파도키아 지역에 걸쳐 세력을 구축했던 '호모이-우시아' 추종파 출신이었다.[4] 그런 그를 아타나시오스의 바램대로 "'호모-우시아'라는 표현을 받아들이는 데서 동떨어져 있지 않은" 지점까지 움직인 힘은 시리아-팔레스티나 지역 '호모이' 추종파에 붙어 기생하던 '안-호모이' 추종파의 증식과 이에 대한 반

---

3 "서방 교부들이 새겨놓은 문자 그대로", 바실레이오스 (카파도키아 카이사레이아 주교), 「사모사타의 주교 에우세비오스에게 보낸 편지, 373년」 거절 의사와 관련해 「에바고리오스에게 보낸 편지, 373년」 참고.

4 아타나시오스, 『아리미눔-셀레우키아 공의회 비평』 41. 관련해서 이 책 5장, "로마의 진격, 알렉산드리아의 해방" 단락 참고.

동이었다. 아이티오스의 제자이자 당시 극단 '헤테로-우시아' 추종파를 이끌던 에우노미오스를 상대로 논박하는 과정에서[359년쯤] 바실레이오스는 성부-성자의 '우시아'에 관해 사실상 구별이 불가할 만큼의 "공통성"을 강조하는 지점까지 이르게 되었다.[5] 360년 「콘스탄티노폴리스 신경」의 공표는 그런 그가 '호모이-우시아'에서 '호모-우시아' 사상가로 거듭나는 세례식이 되었다.

> 저의 의견을 밝혀보라고 한다면, '구별할 수 없을 정도'라는 조건이 반드시 선행되어야 '호모이-우시아' 표현을 받아들일 수 있다고 생각합니다. 그래야지만 니케아 교부들이 '호모-우시아'라고 하는 올바른 표현 속에 담고자 했던 그 의미가 이 표현 안에 고스란히 보존될 수 있기 때문입니다. … 그런데 [360년] 콘스탄티노폴리스에서 벌어진 일처럼, '호모이' 앞에 '구별할 수 없을 정도'라는 조건을 제거한다면 그 때문에 독생자의 영광을 깎아내리는 결과가 초래되지 않을까 우려됩니다. 왜냐하면, 우리 사회에서 '호모이'는 "원형과 비교해서 희미하고 열등하게 유사하다."라는 의미로 범용 되기 때문입니다. 따라서, 그런 의미로 왜곡될 소지가 적다는 관점에서 저 역시 '호모-우시아'를 받아들이는 바입니다.[6]

바실레이오스는 니케아 교부들이 「니케아 신경」에서 처음과 마

---

5 바실레이오스 (카파도키아 카이사레이아 주교), 『에우노미오스 논박』 1.19.
6 바실레이오스 (카파도키아 카이사레이아 주교), 「철학자 막시모스에게 보낸 편지, 361년」.

지막 '우시아'를 사용한 처음과 마지막 표현 사이 한 가운데에 놓은 "빛에서 나오신 빛"이야말로 그들이 "'호모-우시아'라고 하는 올바른 표현 속에 담고자 했던 그 의미"를 이해하는 열쇠라고 생각했다.

[성자에 관한325년 니케아 신경 전문 일부]

성자는 성부에게서, 곧 성부의 '우시아'에서 낳음 받으신 독생자이십니다.
성자는 하나님에게서 나오신 하나님,
빛에서 나오신 빛,
참 하나님에게서 지음 받지 않으시고 낳음 받으신 참 하나님이십니다.
성자는 성부와 '호모-우시아'를 공유하신 하나님 … 이십니다.

"원인"으로서 빛과 "원인의 결과로써 존재하는" 빛 사이에는 "차이가 전혀 없다."라는 광학 이론을 근거로 바실레이오스는 니케아 교부들이 '호모-우시아' 안에 담고자 했던 의미가 "시작이 없으신 빛"으로서 성부와 "낳음 받으신 빛"으로서 성자 사이에 존재하는 "동등한 영광"이라고 결론지을 수 있었다.[7] 성부-성자 사이 관계를 합당하게 이해할 수 있는 유일무이한 비유로서 광원-광채

---

7 바실레이오스 (카파도키아 카이사레이아 주교), 「카노니카이 자매에게 보낸 편지, 370년」

를 손꼽은 첫 교부는 3세기 알렉산드리아의 오리게네스였고, 그의 통찰은 「니케아 신경」의 심장부에서 박동하면서 바실레이오스와 그의 친구이자 나지안조스의 주교 그레고리오스 그리고 동생이자 니시스의 주교 그레고리오스 같은 카파도키아 지역의 주교들에게 '호모-우시아' 사상을 수혈하고 있었다.[8]

바실레이오스가 별세한 379년, 멜레티오스와 152여 명의 동방 주교들은 마침내 서방 공의회의 성명서에 문자적으로 호응하는 공의회 성명서를 안티오키아에서 발표했고, 이 과정을 주도한 나지안조스의 주교 그레고리오스에게 성명서를 맡겨 비티니아 지역을 거쳐 콘스탄티노폴리스에 전달했다. 거기서 그레고리오스는 5차례의 강론을 통해 '옛 로마'의 목소리를 '새 로마'에 전달하면서 아드리안노폴리스에서 벌어진 고트족과 전투에서 발렌스 황제를 잃고[378년 8월 9일] 위기에 빠진 '새 로마'를 구원하러 '옛 로마'가 보낸 새 황제의 길을 예비했다. 서방 히스파니아[스페인] 출신 군관에서 (서로마 황제[그라티아누스]에 의해) 동로마 황제가 된 테오도시우스[재위 379-395년]는 380년 11월 마침내 콘스탄티노폴리스에 입성해 그레고리오스를 '새 로마'의 주교로 임명했다. 이미 고인이 된 아타나시오스[373년 별세]와 곧 고인이 될 멜레티오스[381년 별세] 사이, 그리고 옛 로마와 새 로마 사이 거리를 좁혀 준 중재자는 카파도키아 출신의

---

8 관련해서 이 책 1장 "알렉산드리아의 오리게네스" 단락 참고.

바실레이오스와 친구 그레고리오스였다.

381년 5월, 테오도시우스 동방 황제는 콘스탄티노폴리스에서 동방 지역 공의회를 소집했고, 첫 본회에서 의장 멜레티오스는 비티니아 지역의 마케도니오스 추종파 주교 36인이 지켜보는 앞에서 성부-성자 사이 '호모-우시아' 관계를 성령에게까지 적용한 그레고리오스를 콘스탄티노폴리스의 주교로 공식 비준했다. 공의회 도중 갑작스레 찾아온 멜레티오스의 죽음으로 말미암아 얼떨결에 의장 대행까지 맡게 된 그레고리오스는 마케도니오스 추종파 주교들에게 공개 표적이 되었을 뿐만 아니라, 멜레티오스가 남기고 떠난 안티오키아 주교좌에 (서방 교회의 지지를 받아온) 파울리노스를 앉히려 했다는 이유로 멜레티오스 추종파 주교들 사이에서도 비공개 표적이 되었다. 견디다 못한 그레고리오스는 의장 사임에 이어서 주교 사임 의사를 밝혔고, 테오도시우스 동방 황제는 그의 사임을 받아들이는 댓가로 마케도니오스 추종파에게 「콘스탄티노폴리스 신경」 혹은 (360년 신경과 대비해서) 「콘스탄티노폴리스 제2차 신경」에 서명할 것을 요구했다.

「콘스탄티노폴리스 제2차 신경」 안에는 성령에 관해 유존재 "성부로부터" 나오셨기에 무존재에서 만들어진 피조물이 아니라 하나님이시라는 고백과 더불어 "성부-성자와 더불어 동등한 경배와 영광"을 받으신다는 고백, 즉 그레고리오스가 사용한 '호모-우시아'란 노골적 표현 대신 (이 표현에 대한 바실레이오스의 해석인) "동등한 영광"이란 완곡한 표현이 담겨 있었다. 바실레이오스는 비티니아의 마케도니오스 추종파부터 안티오키아의 멜레티오스 추종파와 카파도키아의 그레고리오스 추종파를 거쳐 알렉산드리아의 아타나시오스 추종파까지 동방 교회의 여러 퍼즐을 하나로 이어 맞추려는 테오도시우스의 매직 퍼즐이었고, 게다가 '휘포스타시스' 셋 정식 중심의 동방 교회와 '우시아' 하나 정식 중심의 서방 교회까지 이어 맞추는 매직 퍼즐이기도 했다.

그해 6월 말, 공의회 폐회와 함께 발표한 라틴어 칙령에서 테오도시우스 동방 황제는 "성부, 성자, 성령이 동일한 위엄과 권능, 동일한 영광과 광채"를 공유하신다는 고백, 즉 "세 위격과 한 신성"에 관한 고백을 공교회의 유일한 표준 신앙 고백으로 공표했다.[9] 아타나시오스가 362년 알렉산드리아에서 최초 제안한 '휘포스타시스' 셋에 '우시아' 하나의 조합 정식은 370년 로마에서부터 379년 안티오키아를 거쳐 마침내 381년 '새 로마' 콘스탄티노폴리스에서까지 공교회의 표준 신앙 고백을 요약한 신앙 정식으로 공표되었다. 아타나시오스가 별세한 후에도 그의 조합 정식에 '삼위일체' 개념을 입혀 콘스탄티노폴리스까지 전파함으로써 362년에 중도 좌절되었던 그의 열망을 대신 꽃피워준 이들은 카파도키아의 바실레이오스와 친구 그레고리오스였다. '삼위일체' 조합 정식을 따르지 않는 주교들에게 속한 교회 재산을 몰수해 "참된 니

---

9 테오도시우스 황제, 『법령집』 16.1.3.

케아 신앙을 고수하는" 주교들의 교회 재산으로 환원하는 시행령까지 동원하면서 동방 전역에 아타나시오스의 조합 정식을 씨 뿌린 이는 서방 히스파니아 출신의 군인 황제 테오도시우스였다. 몰수한 재산을 환원토록 공식 지정한 11명의 동방 주교들 중 일인은 카파도키아 니시스^{니사}의 주교였고, 그는 바실레이오스의 친동생 그레고리오스였다.

새 로마의 해석

재산 환원 시행령에서 테오도시우스 동방 황제는 과거 자신의 출신지이면서 현재 통치 권역 밖인 서방 지역을 대표하는 유일한 공인 주교로 로마 주교를 지정했지만, 그 순위는 콘스탄티노폴리스 주교 다음 2순위였다(반면에, 콘스탄티노폴리스 공의회는 교령 제3조항에서 콘스탄티노폴리스가 '새 로마'라는 이유를 앞세워 콘스탄티노폴리스 주교의 서열을 로마 주교 다음 2순위에 넣었다). 황제는 또한 '새 로마' 콘스탄티노폴리스와 로마에 이어 알렉산드리아 주교를 3순위로 지정했지만, 그다음 4순위 자리에 멜레티오스의 후계 자리를 두고 분쟁 중인 안티오키아 주교 대신 라오디케아 주교를 지정했다(반면에, 공의회는 교령 제2조항에서 안티오키아 교회와 주교의 특권을 그대로 유지하기로 결의했다).

로마 주교^{다마수스}는 382년 9월 로마에서 서방 지역 공의회를 소집해 콘스탄티노폴리스 동방 공의회에 서방 주교들을 일체 초청하지 않은 점과 이후 381년 아퀼엘라(이탈리아 북부) 서방 지역 공의회에 초청했음에도 동방 주교들이 일체 참석하지 않은 점에 대해 깊은 유감을 표했다. 더 나아가, 325년 니케아 공의회 법령에 따라 사도 베드로의 후계자인 로마 주교를 서열 1순위로, 사도 베드로가 제자 마가를 파송해 세운 알렉산드리아 교회의 주교를 2순위로, 그리고 파울리노스를 안티오키아 주교로 세워 3순위로 복권해 달라고 요구하는 성명서를 채택했다.[10]

이에 서방 출신 테오도시우스 동방 황제는 382년 말 동방 대표 주교단을 소집한 후속 공의회를 통해 서방 교회 달래기에 나섰다. 동방 지역에서 활동하는 늑대 같은 이단 무리의 위협이 여전히 살기등등한 상황에서 서방의 목자들을 초청하고 기다릴 여유도 없었을 뿐만 아니라 양 떼를 남겨 두고 집을 오래 비울 여건이 도저히 안 되었다는 식의 목양적 변론으로 시작한 성명서에서 황제와 동방 주교 대표단은 「니케아 신경」안에 요약된 "성경적 신앙", "참된 신앙", 그리고 "복음적 신앙"으로 서방 교회와 일치의 연합 이루기를 염원한다고 강변했다. 그러면서 새 로마 측은 앞서 송달한 379년 안티오키아 공의회 성명서와 381년 콘스탄티노폴리스 공의회 성명서를 자신들이 옛 로마 측과 더불어 「니케아 신경」으로 요약된 신앙 안에 속해 있음을 입증하는 증거로 내세웠고, 「니케아 신경」에 대

---

10 「로마 서방 지역 공의회 성명서, 382년」.

해 이들 성명서 안에 "장문"으로 풀어낸 해석을 "성부-성자-성령의 신적 속성과 권능과 본체^{우시아}는 하나이며, 완전한 세 위격^{휘포스타시스}과 완전한 세 신격^{프로소폰} 안에서 동일한 존엄과 동일한 위엄을 공유한다."라는 신앙 정식으로 요약했다.[11]

이어지는 변론에서 새 로마 측은 '삼위일체' 조합 정식이 「니케아 신경」에 대한 올바른 해석이면서 동시에 그 자체로 이단들이 오답을 내놓은 신앙의 주요한 문제 두 가지에 대한 해제^{解題}임을 추가로 밝혔다. '삼위' 정식이 성부-성자-성령의 개별성에 관해 사벨리오스 추종파가 "교차" 혹은 "소멸"이라고 잘못 대답한 문제에 대해 새 로마가 제시한 해제라면, '일체' 정식은 성부-성자-성령의 공통성에 관해 아리오스 추종파, 에우노미오스 추종파, 그리고 마케도니오스 추종파가 '헤테로-우시아'라고 잘못 대답한 문제에 대해 새 로마가 제시한 해제였다. 325년 「니케아 신경」이 그 자체로 원조 아리오스 추종파가 내놓은 오답에 대한 교정이었듯이, 381년 「콘스탄티노폴리스 제2차 신경」은 비티니아 지역의 '호모이-우시아' 추종파가 사벨리오스 추종파를 극도로 혐오하는 맥락에서 내놓은 355년 「시르미움 신경」, 그리고 시리아-팔레스티나 지역의 '호모이' 추종파가 에우노미오스 추종파를 포용하는 맥락에서 내놓은 359년 「트라키아 니케아 신경」과 360년 「콘스탄티노폴리스

---

11 「콘스탄티노폴리스 신앙 정식, 382년」 (테오도레토스, 『교회사』 5.9).

신경」에 대한 교정이었다. 무엇보다 381년 「콘스탄티노폴리스 제2차 신경」은 성령에 관한 신앙을 그저 "우리는 성령을 믿습니다."라고만 지나치게 요약하는데 그친 「니케아 신경」의 마지막 신앙고백과 관련해서 "성령 훼방꾼들"헬. 프뉴마토마키안이란 악명을 들을 만큼 마케도니오스 추종파가 내놓은 악명 높은 해석에 대한 교정이었다.[12]

그렇다면, '삼위일체' 신앙 정식의 핵심 용어인 '우시아'와 '휘포스타시스'의 개념은 "유일신론의 지평선 안에 성부-성자-성령을 어떻게 수용해야 하는가?"라는 질문으로부터 쏟아진 오답들을 교정하는 과정에서 형성된, 두 용어에 대한 오개념을 한결 깎아 낸 끝에 남은 최후의 결정체였던 셈이다. '삼위일체' 신앙 정식의 형성기는 325년 「니케아 신경」부터 381년 「콘스탄티노폴리스 제2차 신경」까지 그사이에 341년 「안티오키아 봉헌 신경」, 351년 「시르미움 신경」, 358년 「시르미움 제2차 신경」, 359년 「트라키아 니케아 신경」, 그리고 360년 「콘스탄티노폴리스 신경」이라는 적어도 5개의 오답과 그 안에 적용된 두 용어의 오개념을 56년간 깎아 내려간 작업에 관한 기록이었다.

게다가, 「니케아 신경」에서 맺어진 두 용어 사이가 362년을 기점으로 유의어 관계에서 차의어 관계로 바뀌고서부터 두 용어의

---

12 「콘스탄티노폴리스 신앙 정식, 382년」 (테오도레토스, 『교회사』 5.9).

개념은 각자의 새 유의어들과 맺어가는 상호 호환 관계 속에서 서로와는 상호 구별되고 보완하는 방향으로 형성되어 나가기 시작했다. 옛 로마와 새 로마 사이 합의 과정을 통해 '휘포스타시스'는 역할을 강조하는 개념인 '프로소폰'의 유의어가 되어서 성부-성자-성령 사이에 바뀔 수 없는 위계 속에서 바뀔 수 없는 고유의 역할을 강조하는 "위격"의 개념으로, 반면에 '우시아'는 신적 "속성", "권능", "성품", "존엄", "위엄", "영광" 등의 유의어가 되어서 성부-성자-성령 사이에서만 독점 공유하는 부동산임을 강조하는 신적 "본질"이나 "본체"의 개념으로 아타나시오스의 조합 정식 안에 자리 잡아 갔다.

이렇듯 「니케아 신경」에 대한 새 로마의 해석은 '삼위일체' 신앙 정식 안에서 옛 로마와 일치를 이루었으나, 「니케아 법령」 제6조항에 대한 해석은 그렇지 못했다. 공교회를 대표하는 주교들의 서열과 관련해 옛 로마 측이 사도 전통이라는 옛 관점으로 해석했지만, 새 로마 측은 제국에서 도시와 지역이 차지하는 지정학적 영향력이라는 새 관점으로 해석했다. 사도 바울의 도시이면서 동시에 페르시아와 동부 국경을 맞대는 시리아 지역의 전략적 요충지인 안티오키아를 두고 새 로마 측은 옛 로마 측의 요청을 기꺼이 받아들여 멜레티오스의 후임 주교로 파울리노스를 임명했고, 더해서 "[파울리노스를 따라서] 성부, 성자, 성령의 신성을 하나로 고백하는 안티오키아인들을 [성찬 교제로] 받아들인다."라는 새 교령을 제5조항으로 별도 추가했다.

381년 콘스탄티노폴리스 공의회가 「니케아 신경」에 대한 해석을 제시했다면, 382년 후속 공의회는 「니케아 법령」에 대한 해석을 제시했다. 381-382년 콘스탄티노폴리스 공의회는 순전히 동방 지역 공의회였고, 그 자체로 325년 니케아 전역 공의회가 규정(하려)한 '신앙'과 '교회'에 대한 새 로마의 해석이었다. 새 로마와 옛 로마의 사이 신앙에 관한 해석의 일치를 때마침 도와준 중매자는 ('삼위일체' 정식의 최초 전형典型을 362년에 제시한) 아타나시오스의 알렉산드리아였고, 교회 전통에 관한 해석의 편차를 때마침 절충해 준 중재자는 파울리노스의 안티오키아였다.

테오도시우스 동방 황제는 이단 종파들을 상대로 재산 몰수령이나 집회 및 포교 금지령에다 심지어 사형마저 시행하면서까지 동방 전역에 씨뿌린 「콘스탄티노폴리스 제2차 신경」이 뿌리내리도록 노력했으나, 그의 별세395년 이후로 5세기 중반까지 이 해석의 최대 경쟁자는 아이러니하게도 360년 「콘스탄티노폴리스 신경」이었다.[13] 게다가, 동방 지역마다 고유하게 사용해 온 세례 문답이 신도의 신앙고백으로 오래 자리 잡아온 터라 새 로마의 해석은 대신 주교 임직식에서 이루어지는 주교들의 신앙고백으로 자리 잡게 되었다. 콘스탄티노폴리스에 사는 신도들이라 할지라도 새 로마의 해석을 접하는 기회는 일 년에 딱 한 번, 성금요일 성찬 전례

---

13 테오도시우스, 『법령집』 16.5-24.

뿐이었다.[14]

하지만 유아 세례가 보편화된 5세기 말부터 안티오키아에서 처음으로 성찬례 중에(구체적으로, 성찬 봉헌과 성찬 제정 기도 사이에) 「콘스탄티노폴리스 제2차 신경」을 고백하기 시작했고, 새 로마는 6세기 초부터 이 변화를 수용한 데다 음률까지 붙여서 회중 찬송으로 부르기 시작했다. 이 시기 동방의 한 작가가 "하나님께서 우리에게 허락하신 모든 복된 선물을 요약한 찬송"이라고 칭송한 「콘스탄티노폴리스 제2차 신경」과 성찬례 사이 새 조합은 애당초 성자에 맞춰져 있던 「니케아 신경」의 초점을 한층 더 또렷하게 조율하는 계기가 되었다.[15]

옛 로마의 새 해석

옛 로마의 주교와 서방 교회는 새 로마가 도출한 해석 중 「니케아 법령」과 교회 전통에 대한 382년 공의회의 해석은 거부한 채 「니케아 신경」과 신앙에 대한 381년 공의회의 해석만을 받아들였고, 451년 칼케돈에서 381년 공의회를 니케아 공의회를 잇는 두 번째 전역 공의회로 인정해 주었다. 하지만, 6세기 말 「니케아 신경」에 대한 옛 로마의 새 해석(혹은, 재해석)이 등장한 곳은 역설적

14　테오도로스 (콘스탄티노폴리스 성경 봉독자), 『교회사』 2.32-48.
15　(위) 디오니시오스, 『교회의 위계』 3.3.7.

으로 테오도시우스 동방 황제의 고향⁽스페인 코카⁾에서 멀지 않은 히스파니아 중부 지역의 톨레도였다. 589년, 서고트 왕 레카레두스는 아리오스 추종파에서 '호모-우시아' 추종파로 전향코자 톨레도에서 히스파니아-갈리아 지역 공의회를 소집했고, 여기서 로마 주교와 서방 주교들은 이참에 게르만 왕국들 사이에 널리 퍼져있던 아리오스 사상에 맞서 「니케아 신경」의 '호모-우시아' 사상을 더욱 안전하게 지킬 울타리, 「콘스탄티노폴리스 제2차 신경」보다 튼튼한 울타리가 필요하다는 공감대를 형성했다.

공의회는 「콘스탄티노폴리스 제2차 신경」을 대체하기보다 보강하기로 결의했고, "성령이 성부뿐만 아니라 성자로부터도 발하셨다고 말하지 못할 이유가 없다."라고 반문한 5세기 북아프리카 히포의 주교 아우구스티누스의 제언을 따라 "성령은 성부에게서 발하시고 …" 문구에서 "성부에게서" 바로 다음에 "그리고 성자에게서"⁽라. 필리오케⁾를 추가 보강했다.[16] 이들은 또한 히스파니아와 갈라디아 지역의 모든 성도가 "깨끗해진 마음으로 그리스도의 몸과 피를 받아 모실 수 있도록" 새 로마의 새 성찬 전례를 따라 주님의 기도 바로 앞 차례에서 「니케아 신경」과 「콘스탄티노폴리스 제2차 신경」에 대한 자신들의 새 해석을 "큰 소리로 노래 부르게 하자."

---

16 아우구스티누스 (히포 주교), 『삼위일체론』 4.5.29: "성령이 성부뿐 아니라 성자로부터도 발하셨다고 말하지 못할 이유가 없다. 그렇지 않고서야 성령을 성부와 성자의 영이라고 성경이 가르치고 있을 리 없다."

라고 결의했다.[17] 809년, 신성로마제국 황제(또한, 프랑크의 왕) 카롤루스 '마그누스'샤를마뉴가 아헨에서 소집한 지역 공의회마저 '필리오케' 문구가 보강된 「콘스탄티노폴리스 제2차 신경」을 수용하기로 결의했고, 당시 로마의 주교 레오 3세가 거부했던 공식화 비준을 1014년 베네딕토 8세로서는 더 이상 거부할 면목이 없을 지경에 이르기까지 성찬 전례 중에 새 해석을 따라 부르는 찬송 소리는 서방 전역에 울려 퍼지다 못해 새 로마까지 들리게 되었다.

9세기 중반, 옛 로마의 새 해석을 처음 듣게 된 새 로마의 주교 포티오스재임 858-867년는 "하나님의 은총으로 [제1, 2차 전역 공의회에서] 확립되고 전수된 이 지혜롭고 온전한 상징으로 신앙에 관한 온전한 지식을 확증하기에 충분하다."라는 451년 칼케돈 공의회 성명서를 인용해 반박했다. 여기서 "온전한"이란 수식을 콕 짚어 "추가나 생략이 필요할 만큼 흠 있는 상태가 아니다."라는 뜻이라고 부연함으로써 새 로마의 주교는 '필리오케'를 추가한 것 자체가 이 상징의 온전함과 더불어서 제1, 2차 전역 공의회 위에 임한 하나님의 은총을 부정한 꼴이라며 옛 로마와 서방 교회를 싸잡아 비판했다.[18] 여기서 새 로마의 주교가 "이 지혜롭고 온전한 상징"이라며 단수로 지칭한 대상은 325년 「니케아 신경」보다는 381년 「콘스탄티노폴리스 제2차 신경」이었다. 테오도시우스 동방 황제

---

17 「톨레도 히스파니아-갈리아 지역 공의회 교령, 589년」 제2조항.
18 포티오스, 『성령의 신비』 80.

가 「니케아 신경」 주위에 둘러 세운 이 해석의 울타리는 9세기 중반에 이르러 결국 본체와 유착된 나머지 "니케아-콘스탄티노폴리스 신경"이란 이름으로 불리게 되었다.

칼케돈 공의회 성명서를 인용한 포티오스의 비판은 서방에서도 꽤 큰 반향을 불러일으켰고, 일부 서방 주교들은 '필리오케'를 추가할 명분도 잃어버리고 그렇다고 이제 와서 다시 뺀 채로 고백하자니 모양 빠지는 새 로마의 해석을 아예 제쳐두고 옛 로마의 옛 신경을 중용하기 시작했다. 그 과정에서 「로마 신경」은 자연스레 「사도 신경」이란 새 이름과 더불어 그에 걸맞은 새 권위를 얻게 되었다. 축약해 부르는 라틴어 관용 문화 덕분에, 라틴 세계에서 아예 "니케아 신경"이라 불린 「니케아-콘스탄티노폴리스 신경」이 성찬례 너머 성자와 관련된 주요 축일이나 주교들의 임직식 및 공의회 그리고 왕과 황제의 대관식 같은 공적 전례를 중심으로 자리 잡아가는 동안, 「사도 신경」은 (성경적 기도의 요약인 '주기도문' 그리고 성경적 도덕률의 요약인 '십계명'과 함께) 성경적 교리의 요약으로서 신자 교육의 구심점으로 자리 잡아가게 되었다.

1054년 4월, 이탈리아 남부 지역을 두고 옛 로마와 새 로마 사이에 일어난 주교 권한 쟁의를 해결코자 옛 로마의 주교^{레오 9세}는 쟁의 지역 출신의 추기경 홈베르트가 이끄는 사절단을 새 로마에 파견했다. 7월16일, 추기경은 새 로마의 (영혼이란 뜻으로) "눈동자"라 불리던 '하기아 소피아'^{성 지혜} 대성당에서 진행된 성찬례에 참석했고, 도중에 새 로마의 주교를 겨냥해 파문서를 성찬대에 던지고선 신발에서 먼지를 터는 시늉을 한 뒤 그 길로 옛 로마로 돌아가 버렸다. 그가 파문서 폭탄 테러를 미리 계획해 둔 시점은 '필리오케'가 첨가되지 않은 「콘스탄티노폴리스 제2차 신경」 혹은 「니케아-콘스탄티노폴리스 신경」을 낭송하는 차례였다. 1204년, 이탈리아 북부 베네치아에서 출정한 제4차 십자군은 이집트 카이로가 아닌 새 로마에 상륙했고, 점령군이 세운 동방 라틴 제국이 지속된 57년 동안 새 로마의 영혼을 채운 새 신앙고백은 「니케아 신경」에 대한 옛 로마의 새 해석이었다. 1261년 새 로마와 함께 그 영혼을 되찾은 이는 동로마 황제 미카엘 8세였지만, 1274년 리옹 서방 지역 공의회에 찾아가서 옛 로마의 새 해석으로 새 로마의 영혼을 다시 채우겠노라 약속한 이도 그였다. 동방 주교들의 결사반대에 부딪혀 끝내 지키지 못했던 이 약속을 갱신한 황제는 1438년 피렌체 서방 지역 공의회에 찾아간 요한네스 8세였고, 1452년에 처음이자 마지막으로 이 약속을 지킨 이는 옛 로마에 다급히 원군을 요청한 마지막 황제 콘스탄티노스 11세였다. 이듬해 5월 29일, 그날 아침에 새 로마의 영혼을 채운 새 해석은 "알라 이외에 신은 없으며 무함마드는 알라의 사자이다."며 소리치는 오스만 튀르크 군대의 '샤하다' 고백이었다.

새 로마의 주교가 옛 로마의 새 해석을 다시 읊조린 건 그로부터 약 120년 후였다. 1573년, 튀빙겐 대학의 루터파 신학자들은 원조 「니케아 신경」에 대한 자신들의 해석으로 「아우크스부르크 루터파 신앙고백」을 소개하는 내용을 편지에 담아 새 로마의 주교

예레미아스 2세에게 송달했다. 1545년부터 1563년까지 18년 동안 트리엔트 서방 공의회에서 이어진 장고 끝에 옛 로마는 루터파를 포용하지 않고 파문하기로 했다. 루터파도 옛 로마에게서 등을 돌려 새 로마에 손을 내밀었는데, 내민 손은 다름 아닌 원조 「니케아 신경」에 대해 옛 로마의 것과 구별되는 루터파의 새 해석이었다. 새 로마의 주교는 2년의 침묵을 깨고 1575년 5월 튀빙겐으로 첫 답장을 보냈다.

> 가장 신성한 이 상징은 하나님을 경외하는 거룩한 318명의 교부에 의해 니케아에서 처음 작성되었고, 그다음 150명의 교부에 의해 콘스탄티노폴리스에서 완성되었으며, 이후 다섯 차례의 전역 공의회에서 일점일획의 추가나 생략 없이 그리스도인의 마땅한 신앙고백으로 비준되었습니다. 1-7차 전역 공의회에서 그대로 받아들인 이 상징을 이후 거룩한 신자들이 밝은 빛 속에 또박또박 고백했고 오늘 우리 또한 하나님의 은총으로 그들처럼 고백하고 있습니다. 가장 신성한 이 상징은 성령께서 [오직] 성부로부터 발출하셨다고 더할 나위 없이 분명하게 밝히고 있습니다. 이 상징은 그 누구라도 어떤 것도 빼거나 어떤 불순한 것도 더하지 못하도록 성령께서 인치신 참된 신앙의 보물입니다.[19]

루터파 신학자들의 변론 편지에 1579년 재반론하는 두 번째

---

19 예레미아스 (콘스탄티노폴리스 주교), 「튀빙겐 대학교 루터파 신학자들에게 보내는 첫 번째 편지, 1576년」.

편지를 보낸 새 로마의 주교는 1581년에 보낸 세 번째 편지를 끝으로 루터파와 손절했다. 그에게 「니케아 신경」을 "완성"해 준 유일한 해석은 「콘스탄티노폴리스 제2차 신경」뿐이었으며, 그런 그에게 「니케아-콘스탄티노폴리스 신경」이라고 부르는 "가장 신성한 이 상징"에다 '필리오케'를 더한 서방 루터파는 새 로마의 성찬 교제 상대가 될 수 없었다. 게다가, 이 상징에 대한 루터파의 해석이라며 내놓은 「아우크스부르크 루터파 신앙고백」은 사실 그보다는 「사도 신경」에 대한 해석이었다.

크테시폰의 해석

1287년 봄에 별세한 교황 호노리오 4세의 후임 선출 건으로 로마 라테라노 '세례 요한' 교회에 모인 추기경단 앞에 그해 여름 무렵에 나타난 낯선 무리의 방문객은 몽골의 대칸 쿠빌라이와 페르시아의 소칸 아르군 그리고 동방 시리아 교회의 총대주교 야발라하 3세가 보낸 사절단이었다. 원 중국 대도[베이징] 출신의 수도사로서 사절단을 이끌고 로마를 방문한 사우마 총대사는 "서방 그리스도교도들과 힘을 합쳐서 이집트 출신의 이슬람교도들[맘루크 술탄국]이 점령하고 있는 예루살렘"을 되찾고 싶어하는 대칸과 소칸의 의지를 추기경단에 전했다. 그러자 추기경단은 대뜸 "그대는 어떤 신앙고백으로 세례받았소이까? 어떤 그리스도교 전통을 따르시오? 로마 교황의 전통이오, 아니면 다른 전통이오?"라고 되물었다.[20] 그러자 사우마의 입에서 나온 신앙고백은 「니케아 신경」과 「콘스탄티노폴리스 제2차 신경」에 대한 크테시폰의 해석, 즉 동방 시리아 교회의 해석이었다.

> 저는 보이지 않으시고, 시작도 끝도 없이 영원하신 하나님 한 분을 믿습니다. 제가 믿는 하나님은 성부와 성자와 성령으로 존재하시되, 서로 동등하시고 서로 분리되지도 않으시며, 상위도 하위도 없으시고, 먼저 난 자도 나중 난 자도 없으시며, 본성[시. 키야나]으로는 하나이시되 위격[시. 케노마]으로는 셋이십니다. 성부는 '낳는' 하나님이시고, 성자는 '낳음 받은' 하나님이시며, 성령은 '내어 나온' 하나님이십니다. 때가 차매 성 삼위일체[시. 트리타유타] 하나님의 세 위격 중에서 성자 하나님이 성모 마리아의 태에서 완전한 사람 예수 그리스도와 연합하여 한 분[시. 파르소파]이 되셨으며, 온 세상을 구속하셨습니다. 성육신하신 성자는 신성[시. 알라후타]으로는 영원 전에 성부로부터 나셨으며, 인성[시. 나쉬타]으로는 시간 속에서 마리아에게서 나셨습니다.
> 성육신하신 성자 안에서 이루어진 신성과 인성의 연합은 영원토록 나뉘지도 분리되지도 않으며, 섞이지도 바뀌지도 혹은 합성되지도 않습니다. 성육신하신 성자는 완전한 하나님이자 동시에 완전한 사람이시며, 두 본성과 두 위격을 지니되 한 분이십니다.[21]

---

20 발췌, 곽계일, 『동방수도사 서유기+그리스도교 동유기』 (서울: 감은사, 2020), 79.
21 발췌, 곽계일, 『동방수도사 서유기+그리스도교 동유기』, 81-82.

말이 끝나기가 무섭게 추기경단은 옛 로마와 새 로마의 해석 중에서 어느 쪽을 따르는지, "성령은 내어 나오셨다고 했는데, 성부로부터만 나오셨다고 믿으십니까? 아니면, 성부와 성자에게서 나오셨다고 믿으십니까?"라고 집요하게 캐물었다. 총대주교 야발라하 3세의 '랍반'^{수도원장}이기도 한 사우마는 빛을 비유로 들어 새 로마의 해석에 손을 들어 주었다.

> 태양이 빛과 열의 기원이지 태양 빛이 열의 기원은 아닙니다. 마찬가지로 성부만이 성자와 성령의 기원되시고, 성자와 성령 모두 성부로부터 기원하셨습니다. 또 다른 비유를 들자면, 아담은 아들 셋을 낳았지만, 하와는 아담으로부터 내어 나왔습니다. 아담은 낳고, 셋은 낳음 받고, 하와는 나왔다는 관점에서 이들은 별도의 세 개체입니다. 하지만 인간이라는 관점에서 이들은 모두 한 종^種입니다. … 실례가 될지 모르지만, 한 개체의 기원이 하나가 아니고 둘, 셋, 혹은 넷 된다는 관점을 우리의 신앙고백으로 도저히 받아들일 수 없습니다.[22]

추기경들 앞에서 자신은 한낱 "몸종"이자 "제자"일 뿐이라며 한껏 몸을 낮춘 뒤에야, 그러고도 교부들의 유적과 성묘를 순례하고 싶다며 옛 로마 교회의 전통과 유산을 한껏 치켜세운 뒤에야 사우마는 추기경단이 쏟아붓는 십자포화에서 겨우 벗어날 수 있

---

22 발췌, 곽계일, 『동방수도사 서유기+그리스도교 동유기』, 83.

었다.

페르시아의 서단 국경 도시인 니시비스^(튀르키예 누사이빈)의 초대 주교 야콥이 325년 니케아 전역 공의회에 참석한 이후로 크테시폰에서 소집된 동방 시리아 교회의 총회 역사는 그 자체로「니케아 신경」에 대한 해석사이자 형성기가 되었다.[23] 410년 제1차 총회는 니케아 공의회를 그대로 재현한 한 편의 드라마였고, 그 피날레는 「니케아 신경」과「니케아 교령」에 대한 비준이었다.[24] 585년 제4차 총회에서 크테시폰은「니케아 신경」에 이어서「콘스탄티노폴리스 제2차 신경」마저 비준하면서 "조항마다 적절한 의미와 해석"을 간략하게 달았는데, 해석이 필요한 이유에 관해 이 상징이 "완전한 어문에다 간결하면서도 많은 의미를 담은 ['호모-우시아' 같은] 표현으로 그리스도교 신앙을 선포하고 가르치고 기록하며 확증" 했기 때문이라고 따로 밝혀 두었다.[25] 본격적인 해석 작업에 앞서 "올바르고 유익하게 해석할 수 있도록 은혜를 내려 주소서."하고 드린 총회의 기도는 크테시폰과 함께 동방 시리아 교회가「니케아 신경」과「콘스탄티노폴리스 제2차 신경」을 마치 성경처럼 인간의

---

23 니케아 공의회에 참석한 니시비스의 주교 야콥에 관해 테오도레토스, 『시리아 수도사 열전』 21; 에우세비오스 (카이사레이아 주교), 『콘스탄티누스 황제의 생애』 3.7 참고.

24 「동방 시리아 교회 제1차 총회록, 410년」 21. 410년 제1차 총회를 니케아 공의회를 재현하는 한 편의 드라마로 볼 수 있는 근거와 관련해 곽계일, 『동방수도사 서유기+그리스도교 동유기』, 272-75 참고.

25 「동방 시리아 교회 제4차 총회록, 585년」 132-36.

문자 안에 신적 계시를 숨기고 있는 신성한 상징으로 여겼던 인식을 드러낸다. 성경을 닮은 신경은 다름 아닌 성경의 요약이었다.

596년 제5차 총회록에 따르면 창조주 하나님으로부터 영감받은 올바른 해석이란 성육신하신 성자 안에서 신성과 인성이 "혼합, 융합, 결합, 혹은 교합"되지 않고 "이해할 수 없는 신비로, 불가해한 연합으로, 영원히 분리될 수 없는 방식으로" 하나 되었다는 관점의 그리스도론기독론을 의미했다.[26] 총회가 밝힌 이 해석의 출처는 "안티오키아의 성경 해석자"란 영예를 누렸던 몹수에스티아튀르키예 야카피나르의 주교 테오도로스재임 392-428년였고, 이 해석으로 교정하려 한 상대는 성자의 인성이 신성과 "혼합, 융합, 결합, 혹은 교합"되었다고 해석한 전통, 즉 이집트 알렉산드리아를 중심으로 위로는 아르메니아로부터 아래로는 에티오피아까지 동로마와 페르시아 사이 경계 지역에 자리 잡은 단성 그리스도론 전통이었다.

「니케아 신경」과 「콘스탄티노폴리스 제2차 신경」에 대한 5세기 안티오키아의 해석은 6세기 크테시폰을 거쳐 13세기 원 중국 대도에까지 전해졌다가, 1275년 대도에서 서방 순례를 떠난 수도사 스승 사우마와 제자 마르코스야발라하 3세를 통해 1287년 새 로마를 거쳐 옛 로마에까지 전해졌다. 로마 추기경단 앞에서 사우마는 "성육신하신 성자는 완전한 하나님이자 동시에 완전한 사람이시

---

26 「동방 시리아 교회 제5차 총회록, 596년」 197-98.

며, 두 본성과 두 위격을 지니되 한 분이십니다."라는 테오도로스의 해석으로 자신의 신앙고백을 갈무리했다. 그런데 이를 듣고 나서 로마 추기경단이 정작 되묻고 확인한 것은 5세기 안티오키아와 알렉산드리아 사이를 달구었던 그리스도론 중심의 해석 쟁점이 아닌, 11세기부터 13세기 당시까지 옛 로마와 새 로마 사이를 한창 달구고 있던 성령론 중심의 해석 쟁점이었다.

4세기 아리오스 추종파를 교정하고자 "완전한 어문에다 간결하면서도 많은 의미를 담은 ['호모-우시아' 같은] 표현으로" 성경의 계시를 요약한 「니케아 신경」은 시대와 지역에 따라 등장하는 새로운 교정 상대에 따라 새로운 해석의 가능성을 열어주는 텍스트 상징이었다. 「니케아 신경」에 대한 5세기 안티오키아와 알렉산드리아 사이, 11세기 옛 로마와 새 로마 사이, 13세기 두 로마와 크테시폰 사이, 그리고 16세기 두 로마와 튀빙겐 사이 해석의 교류 역사는 성경을 요약한 이 텍스트 상징을 형성해 나가는 기간이자 기록이었다. 동시에 「니케아 신경」 형성기는 해석자로서 옛 로마 중심의 라틴어권 전통, 새 로마 중심의 헬라어권 전통, 알렉산드리아 중심의 콥트어권 전통, 그리고 안티오키아-크테시폰 중심의 시리아어권 전통을 완성해 나가는 형성기였다. 그런 관점에서 16세기 루터파와 더불어 개혁파와 성공회파의 출현은 라틴(어) 전통 안에서 「니케아 신경」을 완성하려는 새로운 해석 운동이었다.

〈요약 및 정리〉

아타나시오스가 로마 측으로부터 삼위일체 신앙 정식을 수용하겠다는 답변을 받은 것은 370년 서방 로마 공의회 직후였습니다. 안티오키아의 동참마저 끌어내려는 아타나시오스를 도운 이들은 카파도키아의 삼인방, 곧 바실레이오스와 그의 친구 그레고리오스, 그리고 동생 그레고리오스였습니다. 바실레이오스가 별세한 379년, 안티오키아 교회도 마침내 삼위일체 신앙 정식에 동의하고, 그의 친구 그레고리오스를 대변인으로 삼아 콘스탄티노폴리스에 이를 전달했습니다. 381년, 때마침 새로 즉위한 서방 출신 황제 테오도시우스는 그레고리오스를 콘스탄티노폴리스 주교로 임명하고 동방 지역 공의회를 소집했으며, 이 자리에서 성령 또한 "동등한 영광"을 지닌 하나님으로 고백하는 「콘스탄티노폴리스 제2차 신경」을 공표했습니다. 성령에게도 '호모-우시아'를 적용해야 한다는 그레고리오스의 주장과, 성령의 완전한 신성을 부정한 비티니아 지역 주교들의 반대가 날카롭게 대립하던 가운데, 바실레이오스가 먼저 사용한 "동등한 영광"이라는 우회적 표현은 동방 내 다양한 분파는 물론 서방 교회까지 아우르는 절묘한 신학적 타협점이 되었습니다. 그 포괄성과 상징성을 인정받아 이 신경은 이후 「니케아-콘스탄티노폴리스 신경」, 나아가 「니케아 신경」이라 불리게 되었으며, 이는 곧 이 신경이 「니케아 신경」에 대한 바른 해석이자 완성이라는 함의를 담고 있습니다. 그러나 5세기부터 안티오키아와 크테시폰 전통은 성자의 신성과 인성의 결합 방식에 대해 로마 및 알렉산드리아와는 다른 해석을 제시하기 시작했고, 6세기부터는 로마 전통이 "성령은 성부로부터 나오시어"라는 문구 사이에 "그리고 성자로부터"(필리오케)를 삽입하며 신경을 개정해 나갔습니다. 이러한 역사적 흐름은 「니케아 신경」에 대한 해석이 여전히 완결되지 않았음을 보여주며, 다양한 해석이 '공교회'라는 울타리 안에서 각기 고유한 전통을 형성해 나가고 있음을 시사합니다.

〈이해 / 해석 / 적용〉

[이해] 381년 「콘스탄티노폴리스 제2차 신경」 또는 「니케아-콘스탄티노폴리스 신경」에서 성령에 대해 '호모-우시아' 대신 "동등한 영광"이라는 표현이 사용된 배경은 무엇인가요? 이러한 표현의 선택은 신경이 형성되는 방식과 그 과정에 관해 어떤 통찰을 주나요?

[해석] '필리오케' 논쟁은 같은 신경을 고백하는 교회들이 그 해석에 따라 서로 다른 전통으로 분화되는 과정을 어떻게 보여주고 있나요? 또한, 「니케아 신경」과 「콘스탄티노폴리스 제2차 신경」을 모두 고백하는 안티오키아-크테시폰 중심의 동방 시리아 전통(소위, 네스토리우스 전통)을 공교회의 일원으로 인정하지 못할 이유가 있다면, 그것은 무엇일까요?

[적용] 당신이 속한 공동체에서, 서로 다른 해석을 낳고 그에 따라 다양한 그룹 다이나믹을 형성하는 텍스트나 논의 주제, 혹은 이슈가 있다면 무엇인가요? 그런 상황 속에서 공동체는 어떻게 일치를 이루어가고 있나요?

7

니케아 신경 형성기

7. 니케아 신경 형성기

「니케아 신경」 형성기의 모든 시작은 "너희는 나를 누구라 하느냐?"[마 16:15]라고 성육하신 성자께서 물으신 질문에 "주는 그리스도시요 살아계신 하나님의 아들이시니이다."[마 16:15]라고 말한 제자들의 대답이었다. 이는 랍비에 대한 고백이자 동시에 "더러는 세례 요한, 더러는 엘리야, 어떤 이는 예레미야나 선지자 중의 하나라."[마 16:16]라고 말하는 다른 사람들의 고백에 대한 교정이었다. 2세기 알렉산드리아의 그리스도교 신자들이 "하나님의 아들"이라고 성경에 기록된 제자들의 신앙고백 언어를 빌어 믿음으로 영접한 성자를 찬양할 때, 켈소스 같은 철학가는 "자칭 오직 하나님 한 분만을 경배한다는 사람들이 … 이 사람 예수를 '하나님의 아들'이라 부르면서도 정작 [성부] 하나님께는 합당한 경배를 돌리지 않고 도리어 이 사람을 높여준다."라고 비판하는 알렉산드리아 유대인들의 말을 빌려 그리스도교 신앙을 비꼬았다.[1] 이에 3세기 알렉산드리아의 오리게네스는 "그리스도교 신자들은 '휘포스타시스'로는 진리의 [광원이신] 성부와 [광원에서 나온] 진리이신 성자로 구별된 두 분이지만, 생각과 뜻과 의지의 일치로는 한 분이신 하나님을 예배합니다."라며 천체 광학 비유를 사용해 논박하며 켈소스와 유대인들을 교정했다.[2]

알렉산드리아의 유대인과 오리게네스 사이에서 장로 아리오스는 성자를 무존재에서 지음 받은 첫 피조물이자 모든 피조물의 머리로 해석함으로써 성부를 향한 '쉐마'[신 6:4-9] 고백과 성자를 향한 찬양을 동시에 정당화했다. 이에 알렉산드리아의 주교 알렉산드로스는 325년 니케아 전역 공의회에서 로마와 안티오키아의 주교와 연대해 성자는 "성부의 '우시아'에서 낳음 받으신 독생자"이시며 "성부와 '호모-우시아'를 공유하신 하나님"이시라는 신앙고백으로 동아프리카의 리비아와 테베 지역부터 팔레스티나·시리아 지역을 걸쳐 비티니아 지역까지 득세한 아리오스 추종자들의 사상을 교정했다. 「니케아 신경」은 성부-성자-성령을 계시한 성경에 대한 해석과 거기서 파생되는 신앙의 요약이었으며, 이를 바탕으로 "너희는 나를 누구라 하느냐?"라는 성자 예수의 질문에 답한 고

---

1 켈소스, 『진리론』 10.
2 오리게네스, 『켈소스 논박』 8.12. 의지의 일치에 관해 오리게네스, 『원리론』 1.2.6; 1.2.12; 4.4.1; 『요한복음 주석』 13.228 참고.

백이었으며, 동시에 다른 해석과 고백에 대한 교정이었다.

　니케아 전역 공의회 이후 '호모-우시아'를 근거로 성부-성자-성령의 개별 '휘포스타시스'를 부정하는 '사벨리오스'파를 교정하는 맥락에서 비티니아 지역의 주교들이 고백한 355년 「시르미움 신경」이나 '우시아' 용어를 아예 배제하고 '에우노미오스'파를 포용하는 맥락에서 시리아-팔레스티나 지역의 주교들이 고백한 359년 「트라키아 니케아 신경」과 360년 「콘스탄티노폴리스 신경」은 「니케아 신경」에 대한 저마다의 해석이자 교정이었고 심지어 대체였다. 여러 해석 중 「니케아 신경」의 작성을 주도했던 로마, 알렉산드리아, 그리고 안티오키아의 주교에 이어서 '새 로마' 콘스탄티노폴리스의 주교까지 「니케아 신경」을 완성했다고 비준한 해석은 381년 「콘스탄티노폴리스 제2차 신경」이었다. 6세기 말부터 이 해석 운동 혹은 해석 전통에 동참한 크테시폰의 주교(또한, 동방 시리아 교회의 총대주교)를 통해 「콘스탄티노폴리스 제2차 신경」은 5세기 초에 앞서 로마 제국의 권역을 넘었고, 페르시아 제국의 권역에서도 공교회의 유일한 신앙 고백으로 비준된 「니케아 신경」을 뒤따라서 13세기 원 중국까지 전파되었다. 아타나시오스에 따르면, 「니케아 신경」을 완성한 해석이란 그 결정체인 '삼위일체' 신앙 정식이야말로 로마 권역 내 영지주의나 아리오스의 추종자뿐만 아니라 마케도니오스나 사벨리오스의 추종자 외에도 페르시아의 마니교도나 원 중국의 무속 신자를 포함한 "모든 이단"에 대한 완

전한 교정이라는 의미였다.[3]

그러나 5세기 알렉산드리아 전통과 안티오키아 전통 사이 단성-양성 그리스도론 논쟁과 11세기 로마 전통과 '새 로마' 콘스탄티노폴리스 전통 사이 '필리오케' 성령론 논쟁은 「콘스탄티노폴리스 제2차 신경」이 규정한 삼위일체 신앙 정식 자체가 「니케아 신경」에 대한 해석 운동의 마침표가 아니라 운동의 방향과 범위를 표시한 지도였다는 사실을 (잊을만하면) 일깨워주었다. 「니케아 신경」이란 출입문 주변에 「콘스탄티노폴리스 제2차 신경」으로 경계 울타리를 세운 이들은 그 영역 안에서 「니케아 신경」에 대한 추가 해석물을 가지고 여기저기에 자신만의 거주 구역을 건설하기 시작했다. 이웃 간 상호 비교와 교정을 통해 거주 구역 사이 경계가 분명해지고 상호 교류를 통해 사이 길을 연결하면서 '공교회 전통'이라는 하나의 세계를 건설하기 시작했다. 로마 라틴(어) 전통 구역에서 콘스탄티노폴리스 헬라(어) 전통 구역, 알렉산드리아 콥트(어) 전통 구역을 거쳐 안티오키아-크테시폰 시리아(어) 전통 구역까지 공교회 전통의 세계가 복잡다단해지고 고도화될수록 이 세계로 들어가는 출입문인 「니케아 신경」은 일치의 상징이면서 동시에 다양성의 상징이 되었다.

1054년에 상호 파문한 사건을 철회하는 1965년 「예루살렘 공

---

3 "모든 이단" 안에 명시된 목록에 관해 아타나시오스 (알렉산드리아 주교), 「안티오키아 교회에 보내는 편지, 362년」 3 참고.

동 선언」으로 로마의 주교바오로 6세와 콘스탄티노폴리스의 주교아테나 고라스를 불러 모은 일치의 상징은 「니케아신경」이었다. 1563년 트리엔트에서 중단되었던 칭의 교리에 관한 협의를 재개하는 1999년 「칭의 교리에 관한 아우크스부르크 공동선언」으로 바티칸 교회일치 평의회장과 루터교 세계연맹 총재를 불러 모은 상징도, 이어서 세계 감리교 협의회를 2006년 「칭의 교리에 관한 서울 공동선언」으로, 그리고 세계 개혁교회 연맹을 2017년 「칭의 교리에 관한 비텐베르크 공동선언」으로 불러 모은 상징도 「니케아 신경」이었다. 성육하신 성자 안에 신성과 인성이 공존하는 방식을 두고 451년 칼케돈 공의회를 기점으로 두 로마와 결별했던 동방 교회들에서 일부 무리가 16세기와 18세기 사이에 로마 라틴 전통으로 전입할 수 있었던 일치의 상징도 「니케아 신경」이었다.[4] 서방 로마 전통에 무리 일부를 넘겨준 동방 교회 중에서 양격·양성 그리스도론 전통(동방 아시리아 교회, 인도 칼데아 시리아 교회)의 총대주교마르 딘카 4세를 로마 주교와 더불어 1994년 「그리스도론에 관한 로

---

4 양격·양성 그리스도론 전통에서 일부가 단격·양성 그리스도론 전통인 로마 가톨릭교회로 전입한 교회는 동방 아시리아 교회이다(칼데아 가톨릭교회, 1553년). 단격·단성 그리스도론 전통에서 로마 가톨릭교회로 전입한 교회는 인도 말랑카라 정교회이다(인도 말라바르 가톨릭교회, 1559년), 콥트 정교회(콥트 가톨릭교회, 1741년), 아르메니아 사도 교회(아르메니아 가톨릭교회, 1742년), 그리고 시리아 야콥 정교회이다(시리아 가톨릭교회, 1782년). 로마 가톨릭교회로 전입한 동방 교회들에 관해 곽계일, 『동방수도사 서유기+그리스도교 동유기』, 209-14; 269-82 참고.

마 공동선언」으로, 단격·단성 그리스도론 전통(콥트 정교회, 아르메니아 사도교회, 시리아 정교회, 인도 말랑카라 정교회)의 총대주교들을 2015년 「그리스도론에 관한 로마 공동선언」으로 불러 모은 상징도 「니케아 신경」이었다. 튀빙겐 대학의 루터파 신학자들과 콘스탄티노폴리스의 주교^{예레미아스 2세} 사이에 대화가 끊긴 1581년 이후로 400년이 지난 1981년에 루터교 세계연맹과 정교회 대표단을 '공동 신학대화 위원회'로 다시 불러 모은 상징도, 2024년 5월에 이들을 「'필리오케'에 관한 공동 성명」으로 불러 모은 상징도 「니케아 신경」이었다.

　서방 로마 전통에 전입한 동방 전통들이 여전히 이전의 직제와 예전을 따르고 있는 현실이나, 또 여러 공동선언이 결론에 관한 합의 선언이 아닌 서론에 관한 합의 선언인 현실에서 「니케아 신경」은 여전히 연합을 가능케 한 일치성의 상징이면서 동시에 다양성의 상징으로 서 있다. 일치성과 다양성의 상징으로서 「니케아 신경」은 이로써 고백하는 대상인 삼위일체로서 하나님과, 이로써 요약하는 대상인 여러 책들의 한 묶음 '비블리아'로서 성경과, 교정하는 대상인 여러 신자의 한 몸 된 공동체로서 교회를 닮았다. 성부와 성자와 성령의 이름으로 세례받고 나서 지금까지 존재 방식을 전면 교정하거나, 성령을 힘입어 성자를 중심으로 성경에 기록된 성부 하나님의 말씀을 해석하면서 당면한 결정을 교정해 가거나, 혹은 성령을 힘입어 성자의 이름으로 성부에게 기도하면서 불확실한 내일을 바라보는 시선을 교정해 가는 이들이라면 「니케아 신경」 속 "간결하면서도 많은 의미를 담은 표현"을 비록 입으로는 아닐지라도 이미 다양한 방식으로 고백하고 있는 공교회의 신자가 아닐까? 이 상징을 가지고 고백할 대상이신 삼위일체 하나님과 요약할 대상인 '비블리아' 성경과 교정할 대상인 공동체와 삶이 존재하는 한 「니케아 신경」은 여전히 "하나님께서 우리에게 허락하신 모든 복된 선물을 요약한 찬송"이 아닐까?[5] 「니케아 신경」 해석기가 곧 이 상징의 형성기이듯이 「니케아 신경」 해석기는 삼위일체 신앙을 다양한 방식으로 고백하고, 해석하며, 적용하는 공교회 신자들의 형성기이기도 하다.

"신경"을 뜻하는 헬라어 '심볼론'은 본래 고대 그리스인들이 상거래를 마치면서 판매자와 구매자 사이에 거래에 대한 증표로써 나눠 갖는 물건을 의미했다. "반쪽 상태로는 그 의미와 쓸모가 불분명하고 비밀스럽다가 다른 반쪽과 다시 하나로 맞붙여졌을 때 비로소 증표로써 의미와 쓸모가 분명해지는" 물건이 '심볼론' 즉 상징이었다.[6] 상징은 하나에서 여럿으로 그리고 다시 여럿에서 하나로 변하는 가능성, 즉 일치성과 다양성을 모두 내포하는 특별한 물건이었다. 평범한 토기 접시 하나를 특별한 상징으로 만드는 것은 다름 아니라 이를 여러 개로 나눠 가졌다가 다시 만나서

---

5 (위) 디오니시오스, 『교회의 위계』 3.3.7.
6 곽계일, 『오리게네스 성경해석학 서사기』 (군포: 도서출판다함, 2024), 22-23.

하나로 맞추는 배우들과 이들의 협연으로 완성해 나가는 한 편의 드라마였다. 325년 비티니아 지역 니케아에 모인 주교들이 결의한 성명서를 상징으로 만들어준 것은 비단 이들뿐만 아니라 이 텍스트를 가져다 다양하게 해석하며 다양한 상대를 교정한 로마-콘스탄티노폴리스-알렉산드리아-안티오키아의 주교들이었고, 이들의 해석에 의해 완성, 교정, 혹은 대체된「니케아 신경」으로 공교회의 가시적 일치를 이루려 했던 로마 황제들이었다. 하지만, 페르시아 권역에 속한 크테시폰 주교의 참여는 이 상징 드라마가 펼쳐지는 무대의 규모를 서방 지중해 세계 너머 동방 인도-태평양 세계까지 확장해 주었다. 13세기 몽골 원제국 출신의 수도사인 사우마가「니케아 신경」과 함께 그에 대한 4세기「콘스탄티노폴리스 제2차 신경」그리고 5세기 테오도로스의 해석을 들고 대도(베이징)에서 출발해 크테시폰과 콘스탄티노폴리스를 거쳐 로마에 나타나 고백한 사건은 그 자체로 한 편의 상징 드라마였다.「니케아 신경」은 지난 1,700년[325-2025년] 동안 저마다 다른 배우들이 다른 무대에서 비슷하게 재연해 온 상징 드라마를 통해 형성되었고 지금도 형성되고 있다.

「니케아 신경」또는「니케아 상징」이 해석하고 요약한 대상인 신·구약 성경을 텍스트 상징으로 처음 규정하고 그에 적합한 해석법을 제시한 이는「니케아 신경」형성기의 시작을 예견한 알렉산드리아의 선지자 오리게네스였다.

성경 해석가는 문자만 읽어서는 이해하기 힘든 본문이라 할지라도 그 속에 담긴 참 의미를 파악하려고 노력해야 합니다. 그러려면 문자만 읽어서는 이해하기 힘든 본문을 문자로도 이해할 수 있을 뿐만 아니라 구원 역사의 흐름과도 자연스럽게 어울리는 다른 여러 본문과 합당하게 연결해야 합니다. 아직 일어나지 않은 영적인 일들과 [비교하고] 짝맞춰서 '비유'^{알레고리아}적으로 해석해야 합니다.[7]

3세기 지중해권 사상계에서 진리의 비밀^{에니그마}을 밝히고자 비유^{알레고리아} 해석법을 적용한다는 것은 다름 아니라 해당 텍스트를 신성한 상징^{심볼론}으로 여긴다는 의미였다. 원리론적 관점에서 성경이 신성한 텍스트 상징이라면, 방법론적 관점에서 성경 해석은 그 자체로 이해하기 힘든 본문을 유사한 다른 본문들과 비교하고 짝맞추어 일치된 전체 합 안에서 참 의미를 밝히는 한편의 상징 드라마였다. 「니케아 신경」 역시 성경 텍스트의 전체 합 속에서 성부-성자-성령의 신비로운 비밀을 이해하려는 '알레고리아' 비유 해석법의 결과물로서 신앙고백이 되었고, 더 나아가 일체의 합 안에서 삼위를 이해하려는 '알레고리아' 비유 해석법을 적용해야 할 텍스트로서 '심볼론' 상징이 되었다.

3세기 오리게네스가 성경 텍스트에 적용한 '심볼론' 상징의 용어와 개념을 4세기 교부들은 성경의 요약인 신경과 아울러 성경에 근거해 제정한 의례인 성례에도 적용했다. 「니케아 신경」의 출

---

7 오리게네스, 『원리론』 4.3.5.

현을 예견한 알렉산드리아의 선지자는 성경과 신경과 성례라는 상징을 중심으로, 이들 상징을 순차 조합한 상징 드라마인 예배를 중심으로 기록되어 나갈 공교회 전통의 형성기를 열어주는 수문장이었다.

〈요약 및 정리〉

"신경"으로 번역된 헬라어 '심볼론'(상징)은 원래 하나의 물건을 쪼개어 각자가 나누어 가진 뒤, 다시 합쳐서 상호 관계를 확인하는 특별한 증표를 의미했습니다. 상징은 하나에서 여럿으로, 다시 여럿에서 하나로 변하는 물건, 즉 일치성과 다양성을 동시에 내포하는 특별한 물건이었습니다. 평범한 물건을 상징으로 변화시키는 힘은 바로 그것을 쪼개고 다시 합치는 과정에서 펼쳐지는 한 편의 드라마에 있습니다. 하나의 텍스트를 '신경'이라는 특별한 증표 곧 상징으로 변화시키는 드라마의 배우들은, 이 텍스트를 서로 다르게 해석하며 서로를 교정하면서도 동일한 고백을 통해 다시 하나로 연결되는 그리스도교 신자들입니다. 성경의 계시를 요약한 「니케아 신경」은 단순한 텍스트가 아니라, 지난 1,700년 동안 모든 시대와 지역의 신자들이 해석하고 고백하기를 멈추지 않았던 공교회의 살아 있는 상징입니다. 오늘날에도, 이 상징 드라마는 여전히 재연되고 있으며, 그 드라마에 참여하는 이들이야말로 공교회의 신자라 할 수 있습니다.

〈이해 / 해석/ 적용〉

[이해] 이 책을 읽기 전까지, 「니케아 신경」(혹은, 「사도 신경」)은 당신에게 어떤 의미였나요?

[해석] 지금은 이 신경이 어떤 의미로 당신에게 다가오나요?

[적용] 어떻게 하면그 의미를 일상생활이나 전도, 혹은 그룹이나 공동체에서 실천할 수 있을까요?

SYMBOLUM NICAENUM

부록

부록1. 아리오스 범 연합 세력 (325년 전후)

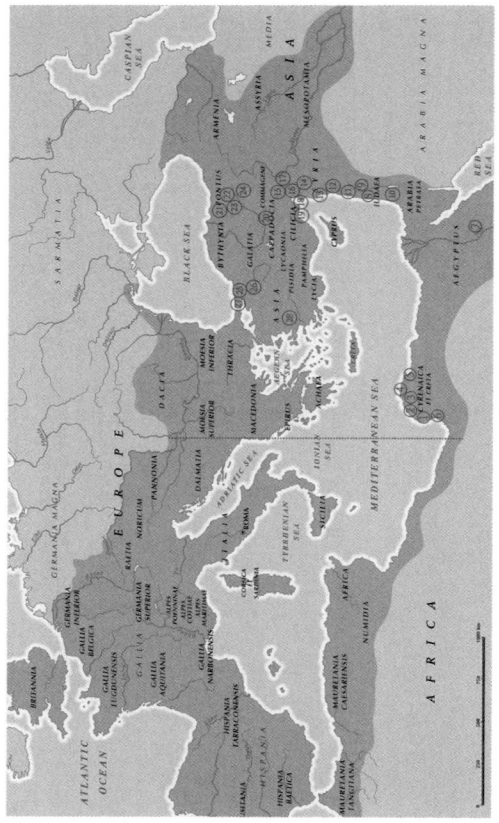

지도 출처: edmaps.com

	지역	주교구	주교	분류
1	리비아	베로니케	다키오스	
2		타우키라	세쿤도스	
3		바르케	조피로스	
4		프톨레마이스	세쿤도스	니케아 공의회에서 파면/유배
5		마르마리케	테오나스	니케아 공의회에서 파면/유배
6		보레이온	센티아노스	
7	이집트 테베	리코폴리스	멜리티오스	
8	팔레스티나	카이사레이아	에우세비오스	
9		스키토폴리스	파트로필로스	
10		리다	아이티오스	
11	포에니키아	티로스	파울리노스	
12		베뤼토스	그레고리오스	
13	시리아	라오디케이아	테오도토스	
14		안티오키아	레온티오스	주교구가 불문명한 인물이거나, 4세기 중반 안티오키아의 주교였던 동명인인데 시대를 혼동했을 가능성(참고로, 니케아 전역 공의회 당시 안티오키아의 주교는 유스타티오스)

부록

15	킬리키아	아나자르보스	아타나시오스	루키아노스 제자
16		에피파네이아	암피온	
17		이레노폴리스	나르키소스	
18		아이게아이	타르콘디마토스	
19		타르소스	안토니오스	루키아노스 제자
20	카파도키아	카이사레이아	레온티오스	루키아노스 제자
21	폰투스	아마세이아	바실리오스	
22		네오카이사레이아	롱기노스	
23	아르메니아	세바스토폴리스	멜리티오스	
24		세바스테이아	에울랄리오스	
25	비티니아	니코메디아	에우세비오스	루키아노스 제자 니케아 공의회 이후 파면/유배
26		니카이아/니케아	테오그니스	루키아노스 제자 니케아 공의회 이후 파면/유배
27		칼케돈	마리스	루키아노스 제자
28	(소)아시아	에페소스	메노판토스	루키아노스 제자

[일러두기]

자료 출처: Sarah Parvis, *Marcellus of Ancyra And the Lost Years of the Arian Controversy, 325-345* (Oxford: Oxford University Press, 2006), 40-46.

아리오스를 지지한 주교 중에서 니케아 전역 공의회에 참석한 이들은 핵심 6명에다(참고, 테오도레토스, 『교회사』 1.7; 필로스토르기우스, 『교회사』 1.8) 17명 정도 더해서(참고, 소조메노스, 『교회사』 10.18; 루피누스, 『교회사』 10.4) 전체 23명 정도의 극소수였다(참고, 아타나시오스, 『니케아 전역 공의회 변론』 3).

부록2. 지역별 주요 신앙 정식 (325-381년)

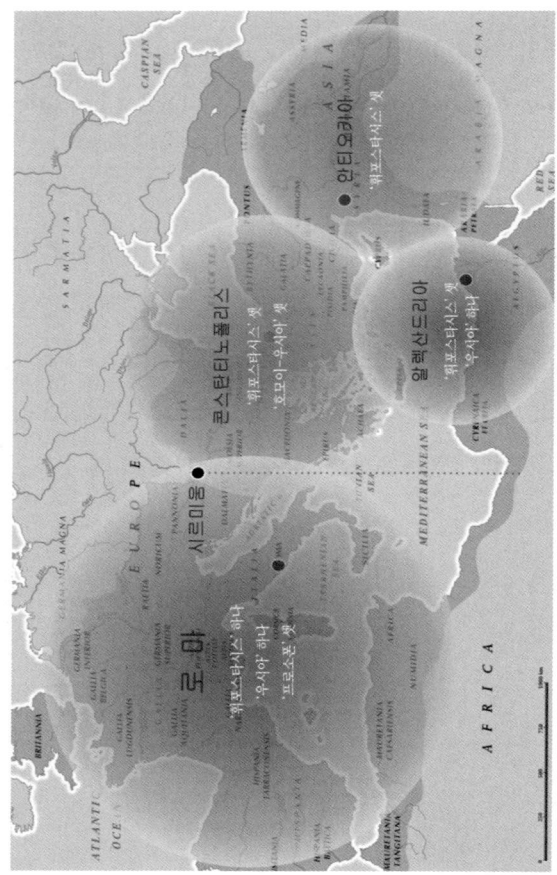

지도 출처: edmaps.com

1. 지도 이미지는 원작자로부터 출처를 밝히는 조건으로 사용허가를 받았습니다.
2. 독자의 이해를 돕기 위해 일부 수정/변형하여 사용했습니다.

부록3. 참고 문헌

(1) 시리즈 약어

CSEL	Corpus Scriptorum Ecclesiasticorum Latinorum
CCSL	Corpus Christianorum Series Latina
GCS	Griechischen Christlichen Schriftsteller
LCL	Loeb Classical Library
NHMS	Nag Hammadi Manichaean Studies
PG	Patrologiae Cursus Completus, Series Gareca
PL	Patrologiae Cursus Completus, Series Latina
SC	Sources Chretiennes

(2) 고대 문헌

바실레이오스 (카파도키아 카이사레이아 주교). 「철학자 막시모스에게 보낸 편지, 361년」 (Roy J. Deferrari, ed. *Letters, Volume I: Letters 1-58 [Epistolae9]*. LCL 190. Cambridge: Harvard University Press, 1926: 92-101).

_____. 「카노니카이 자매에게 보낸 편지, 370년」 (Roy J. Deferrari, ed. *Letters, Volume I: Letters 1-58 [Epistolae52]*. LCL 190. Cambridge: Harvard University Press, 1926: 326-37).

_____. 「아타나시오스에게 보낸 편지, 371년」 (Roy J. Deferrari, ed. *Letters, Volume II: Letters 59-185 [Epistolae82]*. LCL 215. Cambridge: Harvard University Press, 1928: 96-101).

_____. 「멜레티오스에게 보낸 편지, 372년」 (Roy J. Deferrari, ed. *Letters, Volume II: Letters 59-185 [Epistolae89]*. LCL 215. Cambridge: Harvard University Press, 1928: 118-21).

_____. 「서방 교회에 보낸 편지, 372년」 (Roy J. Deferrari, ed. *Letters, Volume II: Letters 59-185 [Epistolae90]*. LCL 215. Cambridge: Harvard University Press, 1928: 122-27).

_____. 「사모사타의 주교 에우세비오스에게 보낸 편지, 373년」 (Roy J. Deferrari, ed. *Letters, Volume II: Letters 59-185 [Epistolae138]*. LCL 215. Cambridge: Harvard University Press, 1928: 318-25).

_____. 「에바고리오스에게 보낸 편지, 373년」 (Roy J. Deferrari, ed. *Letters, Volume II: Letters 59-185 [Epistolae156]*. LCL 215. Cambridge: Harvard University Press, 1928: 384-91).

_____. 『에우노미오스 논박』 (Bernard Sesboüé, ed. *Contre Eunome, tome I [Contra Eunomium]*. SC 299. Paris: Éditions du Cerf, 1982).

멜레티오스(안티오키아 주교). 「요비아누스 황제에게 보내는 안티오키아 지역 공의회 성명서, 363년」 (발췌, 소크라테스『교회사』 3.25; G. C. Hansen, ed. *Sokrates Kirchengeschichte*.

GCS NF 1. Berlin: Akademie Verlag, 1995: 226-27).

루피누스. 『교회사』 (Philip R. Amidon, ed. *The Church History of Rufinus of Aquileia, Books 10 and 11*. Oxford University Press, 1997).

소조메노스. 『교회사』 (G. C. Hansen, ed. *Sozomenus Kirchengeschichte*. GCS NF 4. Berlin: Akademie Verlag, 1995).

소크라테스. 『교회사』 (G. C. Hansen, ed. *Sokrates Kirchengeschichte*. GCS NF 1. Berlin: Akademie Verlag, 1995).

아리오스. 「주교 알렉산드로스에게 보내는 신앙 고백문, 318-320년」 (H. G. Opitz, ed. *Athanasius Werke III/1*. Berlin: Walter de Gruyter, 1934: 12-13).

_____. 「니코메디아의 주교 에우세비오스에게 보내는 편지, 324년」(H. G. Opitz, ed. *Athanasius Werke III/1*. Berlin: Walter de Gruyter, 1934: 1-3).

_____. 「콘스탄티누스 황제에게 보내는 편지, 327년」 (발췌, 소크라테스『교회사』 1. 26; G. C. Hansen, ed. *Sokrates Kirchengeschichte*. GCS NF 1. Berlin: Akademie Verlag, 1995: 74-75).

『향연』 (발췌, 아타나시오스, 『아리미눔-셀레우키아 공의회 비평』; H. G. Opitz, ed. *Athanasius Werke II/7 [De Synodis Arimini et Seleuciae]*. Berlin: Walter de Gruyter, 1940: 242-43).

아우구스티누스 (히포 주교). 『삼위일체론』 (W. J. Mountain, and Fr. Glorie, eds. *Sancti Aurelii Augustini De Trinitate libri XV [De Trinitate]*. CCSL 50. Turnhout: Brepols, 1966). 이 책에 사용된 한글 번역은 저자의 번역이다. 참고할 한글 번역본: 성염 옮김.『삼위일체론』. 왜관: 분도출판사, 2015.

아타나시오스 (아나자르토스 주교).「알렉산드리아 교회에 보내는 편지, 322년」(H. G. Opitz, ed. *Athanasius Werke III/1*. Berlin: Walter de Gruyter, 1934: 18).

아타나시오스 (알렉산드리아 주교).「이집트 타니스의 주교 세라피오스에게 보낸 편지, 359-360년」(J. P. Migne, ed. *Patrologiae Cursus Completus, Series Graeca*. Vol. 26 *[Epistulae iv ad Serapionem]*. Parisiis: Excudebat Sirou, 1857: 529-648).

_____.「안티오키아 교회에 보내는 편지, 362년」(H. C. Brennecke, Uta Heil, and Annette von Stockhausen, eds. *Athanasius Werke II/8* [Tomus ad Antiochenos]. Berlin: Walter de Gruyter, 2000: 240-351).

_____.「요비아누스 황제에게 보내는 편지, 363년」(발췌, 테오도레토스,『교회사』4. 3; Léon Parmentier, ed. *Theodoret Kirchengeschichte*. GCS 19. Leipzig: Hinrichs, 1911: 212-16).

_____.『니케아 전역 공의회 변론』(H. G. Opitz, ed. *Athanasius Werke II/1 [De Decretis Nicaenae synodi]*. Berlin: Walter de Gruyter, 1935: 1-45).

_____.『디오니시오스 변론』(H. G. Opitz, ed. *Athanasius Werke II/2 [De sententia Dionysii]*. Berlin: Walter de Gruyter, 1935: 45-67).

_____. 『아리오스 추종파의 역사』 (H. G. Opitz, ed. *Athanasius Werke II/5-6* [*Historia Arianorum*]. Berlin: Walter de Gruyter, 1940: 183-230).

_____. 『아리미눔-셀레우키아 공의회 비평』 (H. G. Opitz, ed. *Athanasius Werke II/6-7* [*De Synodis Arimini et Seleuciae*]. Berlin: Walter de Gruyter, 1940: 231-78).

알렉산드로스 (알렉산드리아 주교). 「알렉산드리아 장로들에게 보내는 편지, 319년」 (H. G. Opitz, ed. *Athanasius Werke III/1*. Berlin: Walter de Gruyter, 1934: 6).

_____. 「동방 지역 주교들에게 보내는 편지, 324년」 (H. G. Opitz, ed. *Athanasius Werke III/1*. Berlin: Walter de Gruyter, 1934: 6-11).

_____. 「테살로니카의 주교 알렉산드로스에게 보내는 편지, 324년」 (H. G. Opitz, ed. *Athanasius Werke III/1*. Berlin: Walter de Gruyter, 1934: 19-29).

암브로시우스. 『믿음에 관하여』 (Otto Faller, ed. *De Fide ad Gratianum Augustum*. Vindobonae: Hoelder-Pichler-Tempsky, 1962).

에우세비오스 (니코메디아 주교). 「티레의 주교 파울로스에게 보내는 편지, 320/1년」 (발췌, 테오도레토스, 『교회사』 1.6; Léon Parmentier, ed. *Theodoret Kirchengeschichte*. GCS 19. Leipzig: Hinrichs, 1911: 27-30).

_____. 「비티니아 지역 공의회 성명서, 324년」 (H. G. Opitz, ed. *Athanasius Werke III/1*. Berlin: Walter de Gruyter, 1934: 12).

_____. 「니코메디아 지역 공의회에 보내는 편지, 328년」 (발췌, 소크라테스, 『교회사』 1.14; G. C. Hansen, ed. *Sokrates Kirchengeschichte*. GCS NF 1. Berlin: Akademie Verlag, 1995: 52-53).

에우세비오스 (카이사레이아 주교). 「알렉산드리아 교회에 보내는 편지, 321/2년」 (H. G. Opitz, ed. *Athanasius Werke III/1*. Berlin: Walter de Gruyter, 1934: 18).

_____. 「카이사레이아 교회에 보내는 편지, 325년 6월」 (H. G. Opitz, ed. *Athanasius Werke III/1*. Berlin: Walter de Gruyter, 1934: 42-47).

_____. 『콘스탄티누스 황제의 일생』 (Ivar Heikel, ed. *Eusebius Werke I [Vita Constantini]*. GCS 7. Leipzig: Hinrichs, 1902: 1-148).

_____. 『복음의 증명』 (Ivar Heikel, ed. *Eusebius Werke 6 [Demonstratio evangelica]*. GCS 23. Leipzig: Hinrichs, 1913).

_____. 『교회사』 (John E. L. Oulton, ed. *The Ecclesiastical History 6-10 [Historia ecclesiastica]*. LCL 265. Cambridge: Harvard University Press, 1980). 이 책에 사용된 한글 번역은 저자의 번역이다. 참고할 한글 번역본: 엄성옥 옮김. 『유세비우스의 교회사』. 서울: 은성, 2008.

에피파니오스. 『확고한 신앙』 (Karl Holl, ed. *Epiphanius I [Ancoratus]*. GCS 25. Leipzig: Hinrichs, 1915).

_____. 『이단 총록』 (Frank Williams, ed. *The Panarion*

of Epiphanius of Salamis [Panarion]. NHMS 79. Leiden: Brill, 2013).

예레미아스 2세 (콘스탄티노폴리스 주교). 「튀빙겐 대학교 루터파 신학자들에게 보내는 첫 번째 편지, 1576년」(George Mastrantonis, ed. *Augsburg and Constantinople*. Brookline: Holy Cross Orthodox Press, 1982: 32-33).

오리게네스. 『기도론』(W. A. Baehrens, ed. *Origenes Werke 2 [De oratione]*. GCS 3. Leipzig: J. C. Hinrichs, 1899: 295-403). 이 책에 사용된 한글 번역은 저자의 번역이다. 참고할 한글 번역본: 이두희 옮김. 『오리게네스 기도론』. 서울: 새물결플러스, 2018.

_____. 『요한복음 주석』(E. Preuschen, ed. *Origenes Werke 4: Der Johanneskommentar [Commentarium in Evangelium Ioannis]*. GCS 10. Leipzig: J. C. Hinrichs, 1903).

_____. 『창세기 강론』(W. A. Baehrens, ed. *Origenes Werke 6/1 [Homiliae in Genesim]*. GCS 29. Leipzig: J.C. Hinrichs, 1920).

_____. 『출애굽기 강론』(W. A. Baehrens, ed. *Origenes Werke 6/1 [Homiliae in Exodum]*. GCS 29. Leipzig: J. C. Hinrichs, 1920).

_____. 『민수기 강론』(W. A. Baehrens, ed. *Origenes Werke 7/2 [Homiliae in Numeros]*. GCS 30. Leipzig: J.C. Hinrichs, 1921).

_____. 『마태복음 주석』 (E. Klostermann, and E. W. Benz, eds. *Origenes Werke 10/1* [*Commentarium in Evangelium Matthaei*]. GCS 40. Leipzig: J.C. Hinrichs, 1935).

_____. 『헤라클리데스 대담집』 (Jean Schérer, ed. *Entretien d'Origène avec Héraclide* [*Dialogus cum Heraclide*]. SC 67. Paris: Éditions du Cerf, 1960).

_____. 『켈소스 논박』 (M. Borret. *Contra Celse* [*Contra Celsum*]. SC 132, 136. Paris: Editions du Cerf, 1967-1968). 이 책에 사용된 한글 번역은 저자의 번역이다.
참고할 한글 번역본: 임걸 옮김. 『켈소스를 논박함: 그리스 로마 세계에 대한 한 그리스도인의 답변』. 서울: 새물결플러스, 2005.

_____. 『예레미야 강론』 (M. Harl, and N. R. M. De Lange, eds. *Sur les Ecritures: Philocalie, 1-20* [*Homiliae in Jeremiam*]. SC 302. Paris: Editions du Cerf, 1983).

_____. 『로마서 주석』 (Bammel C. P. Hammond, ed. *Der Römerbriefkommentar des Origenes: Kritische Ausgabe der Uebersetzung Rufins*. Vol. 3 [*Commentarium in epistolam ad Romanos*]. Freiburg: Herder, 1998).

_____. 『원리론』 (John Behr, ed. *Origen: On First Principles* [*Peri Archon; De principiis*]. Oxford: Oxford University Press, 2019). 이 책에 사용된 한글 번역은 저자의 번역이다.
참고할 한글 번역본: 하성수, 최원오, 이형우, 이성효 옮김. 『원리론』. 서울: 아카넷, 2014.

율리우스 (로마 주교). 「동방 교회에 보내는 편지, 340/1년」 (Glen

L. Thompson. *The Correspondence of Pope Julius I*. Washington D. C.: The Catholic University of America Press, 2014: 38-80).

_____. 「로마 서방 지역 공의회 성명서, 341년」(발췌, 아타나시오스, 『아리오스 논박』 21-36; Apologia secunda; H. G. Opitz, ed. *Athanasius Werke II/3*. Berlin: Walter de Gruyter, 1938: 87-120).

(위) 디오니시오스. 『교회의 위계』(Colm Luibheid, and Paul Rorem, eds. "The Ecclesiastical Hierarchy" [*Hierarchy*], *Pseudo-Dionysius: The Complete Works*. New York: Paulist Press, 1987). 이 책에 사용된 한글 번역은 저자의 번역이다.
참고할 한글 번역본: 엄성옥 옮김. 『위 디오니시우스 전집』. 서울: 은성, 2007.

젤라시우스. 『교회사』(Gerhard Loeschcke, and Margret Heinemann, eds. *Gelasius Kirchengeschichte*. GCS 28. Leipzig: Hinrichs, 1918: 141).

포르피리오스. 『신탁에서 유래한 철학』(발췌, 아우구스티누스 (히포 주교), 『신국론』 19.23; Emanuel Hoffmann, ed. *Sancti Aurelii Augustini episcopi opera, sect. V, pars 2 [De civitate dei]*. CSEL 40/2. Vindobonae: F. Tempsky, 1900: 411-18).

포티오스. 『성령의 신비』(Holy Transfiguration Monastery, ed. *On the Mystagogy of the Holy Spirit*. Astoria: Studion Publishers, 1983O).

히에로니무스. 『루시퍼 추종자들 논박』(J. P. Migne, ed. *Sancti*

Eusebii Hieronymi Opera Omnia, Tomus 1 [*Dialogus contra Luciferianos*]. PL 23. Parisiis: Excudebat Sirou, 1845: 155-82).

히폴리투스. 『이단 논박』 (Paul Wendland, ed. *Hippolytus Werke III* [*Refutatio omnium haeresium*]. GCS 26. Leipzig: Hinrichs, 1916).

켈소스. 『진리론』 (R. Joseph Hoffmann, ed. *Celsus on the True Doctrine: A Discourse Against the Christians*. Oxford: Oxford University Press, 1987).

콘스탄티누스 황제. 「알렉산드리아 교회에 보내는 편지, 324년」(H. G. Opitz, ed. *Athanasius Werke III/1*. Berlin: Walter de Gruyter, 1934: 32-35).

_____. 「카이사레이아의 주교 에우세비오스에게 보내는 편지, 324년」 (발췌, 젤라시우스, 『교회사』 3, 3. 1-4; Gerhard Loeschcke, and Margret Heinemann, eds. *Gelasius Kirchengeschichte*. GCS 28. Leipzig: Hinrichs, 1918: 141).

_____. 「니케아 전역 공의회 소집령, 325년」 (H. G. Opitz, ed. *Athanasius Werke III/2*. Berlin: Walter de Gruyter, 1934: 41-42).

_____. 「부활절 날짜 공고령, 325년」 (발췌, 에우세비오스 (카이사레이아 주교), 『콘스탄티누스 황제의 일생』 3. 16-20; Ivar Heikel, ed. *Eusebius Werke I*. GCS 7. Leipzig: Hinrichs, 1902: 84-87).

_____. 「예루살렘의 주교 마카리오스에게 보내는 편지, 326년」

_____. (발췌, 에우세비오스 (카이사레이아 주교), 『콘스탄티누스 황제의 일생』 3.30-32; Ivar Heikel, ed. *Eusebius Werke I*. GCS 7. Leipzig: Hinrichs, 1902: 91-93).

_____. 「아리오스에게 보내는 편지, 327년」 (발췌, 소크라테스, 『교회사』 1.7; G. C. Hansen, ed. *Sokrates Kirchengeschichte*. GCS NF 1. Berlin: Akademie Verlag, 1995: 75).

_____. 「아리오스에게 보내는 편지, 333년」 (H. G. Opitz, ed. *Athanasius Werke II/1*. Berlin: Walter de Gruyter, 1935: 69-75).

_____. 「아타나시오스에게 보내는 편지, 333년」 (H. G. Opitz, ed. *Athanasius Werke II/4*. Berlin: Walter de Gruyter, 1938: 140).

_____. 「티레-예루살렘 동방 공의회에 보내는 편지, 335년」 (발췌, 소크라테스, 『교회사』 1.34; G. C. Hansen, ed. *Sokrates Kirchengeschichte*. GCS NF 1. Berlin: Akademie Verlag, 1995: 83-85).

테오도레토스. 『교회사』 (Léon Parmentier, ed. *Theodoret Kirchengeschichte*. GCS 19. Leipzig: Hinrichs, 1911).

_____. 『시리아 수도사 열전』 (Constantin Gutberlet. *Bibliothek Der Kirchenväter* 1/50. München: Kösel & Pustet, 1926).

테오도로스 (콘스탄티노폴리스 성경 봉독자). 『교회사』 (Rafal Kosinski, and Kamilla Twardowska, eds. *The Church Histories of Theodore Lector and John Diakrinomenos*. Berlin: Peter Lang, 2021).

테오도시우스 황제. 『법령집』(Theodor Mommsen, ed. *Theodosiani libri XVI cum Constivtionibvs Sirmondianis et Leges novellae ad Theodosianvm pertinentes* [*Codex Theodosianus*]. Berlin: Weidmannsche Buchhandlung, 1905: 834).

팜필로스. 『오리게네스 대변』((J. P. Migne, ed. *Origenis opera omnia, Tomus 2* [*Apologia S. Pamphili pro Origene*]. PG 17. Parisiis: Excudebat Sirou, 1857: 541-614).

포티오스. 『비블리오테카』(Rene Henry, ed. *Bibliotheque, Codices 84-185.* Vol. 2 [*Bibliotheca*]. Paris: Les Belles Lettres, 1959).

플로티노스. 『엔네아데스』(A. H. Armstrong, ed. *Plotinus: Enneads* [*Enneads*]. LCL 468. Cambridge: Harvard University Press, 1988). 이 책에 사용된 한글 번역은 저자의 번역이다.
참고할 한글 번역본: 조규홍 옮김. 『엔네아데스』. 서울: 지식을만드는지식, 2009.

필로스토르기우스. 『교회사』(Friedhelm Winkelmann, ed. *Philostorgius Kirchengeschichte.* GCS 21. Leipzig: Hinrichs, 1981).

힐라리우스. 「콘스탄티우스 2세 황제에게 보낸 편지, 355/356년」(J. P. Migne, ed. *Sancti Hilarii pictaviensis episcopi opera omnia, Tomus 2* [*Ad Constantium Augustum*]. PL 10. Parisiis: Excudebat Sirou, 1845: 557-64).

_____. 『역사 자료 단편집』(J. P. Migne, ed. *Sancti Hilarii pictaviensis episcopi opera omnia, Tomus 2* [*Ex opere*

_____. 『이단 논박』 (Miroslav Marcovich, ed. *Refutatio Omnium Haeresium* [*Refutationis omnium haeresium*]. Berlin:Walter de Gruyter, 1986).

_____. 『아리오스 논박 총서』 (Alfred Feder, ed. *Sancti Hilarii episcopi pictaviensis opera, pars IV* [*Collectanea Anitariana Parisina ser B.2*]. CSEL 65. Leipzig: G. Freytag, 1916: 103-54.

「동방 시리아 교회 제1차 총회록, 410년」 (Chabot, J. B. Chabot. *Synodicon orientale ou recueil de synodes nestoriens*. Paris: Klincksieck, 1902: [Syriac] 21/[French] 260).

「동방 시리아 교회 제4차 총회록, 585년」 (Chabot, J. B. Chabot. *Synodicon orientale ou recueil de synodes nestoriens*. Paris: Klincksieck, 1902: [Syriac] 132-136/[French] 394-98).

「동방 시리아 교회 제5차 총회록, 596년」 (Chabot, J. B. Chabot. *Synodicon orientale ou recueil de synodes nestoriens*. Paris: Klincksieck, 1902: [Syriac] 197-198/[French] 457-58).

「로마 서방 지역 공의회 성명서, 370/2년」 (J. P. Migne, ed. *Sanctorum Damasi Papae et Paciani necnon Luciferi Episcopi Calaritani Opera Omnia*. PL 13. Parisiis: Excudebat Sirou, 1845: 347-49).

「로마 서방 지역 공의회 성명서, 382년」 (J. P. Migne, ed. *Sanctorum*

Damasi Papae et Paciani necnon Luciferi Episcopi Calaritani Opera Omnia. PL 13. Parisiis: Excudebat Sirou, 1845: 374-76).

「세르디카 서방 지역 공의회 성명서, 343년」 (August Hahn, ed. Bibliothek der Symbole und Glaubensregeln der alten Kirche. Breslau: Verlag von E. Morgenstern, 1897: 188-90).

「셀레우키아 신앙정식, 359년」. (August Hahn, ed. Bibliothek der Symbole und Glaubensregeln der alten Kirche. Breslau: Verlag von E. Morgenstern, 1897: 206-8).

「시르미움 제1차 신경, 351년」 (August Hahn, ed. Bibliothek der Symbole und Glaubensregeln der alten Kirche. Breslau: Verlag von E. Morgenstern, 1897: 196-99).

「시르미움 신앙 정식, 357년」 (August Hahn, ed. Bibliothek der Symbole und Glaubensregeln der alten Kirche. Breslau: Verlag von E. Morgenstern, 1897: 199-201).

「시르미움 제2차 신경, 359년」 (August Hahn, ed. Bibliothek der Symbole und Glaubensregeln der alten Kirche. Breslau: Verlag von E. Morgenstern, 1897: 204-5).

「안티오키아 지역 공의회록, 324년」 (H. G. Opitz, ed. Athanasius Werke III/1. Berlin: Walter de Gruyter, 1934: 36-41).

「안티오키아 제1차 신경, 341년」 (August Hahn, ed. Bibliothek der Symbole und Glaubensregeln der alten Kirche. Breslau: Verlag von E. Morgenstern, 1897: 183-84).

「안티오키아 제2차 신경, 341년」(August Hahn, ed. Bibliothek der Symbole und Glaubensregeln der alten Kirche. Breslau: Verlag von E. Morgenstern, 1897: 183-84).

「안티오키아 제4차 신경, 341년」(August Hahn, ed. Bibliothek der Symbole und Glaubensregeln der alten Kirche. Breslau: Verlag von E. Morgenstern, 1897: 187-88).

「안티오키아 동방 지역 공의회 성명서, 344년」(August Hahn, ed. Bibliothek der Symbole und Glaubensregeln der alten Kirche. Breslau: Verlag von E. Morgenstern, 1897: 192-96).

「알렉산드리아 이집트-리비아 지역 공의회 성명서, 362년」(Martin Tetz, "Ein enzyklisches Schreiben der Synode von Alexandrien (362)," ZNTW 79. 3-4 (1988): 271-73).

「앙키라 동방 지역 공의회 성명서, 358년」(발췌 인용, 에피파니오스, 『이단총록』; Frank Williams, ed. The Panarion of Epiphanius of Salamis [Panarion]. NHMS 79. Leiden: Brill, 2013).

「예루살렘 동방 공의회 성명서, 335년」(발췌, 아타나시오스, 『아리미눔-셀레우키아 공의회 비평』 21.2-7; H. G. Opitz, ed. Athanasius Werke II/7. Berlin: Walter de Gruyter, 1940: 247-48).

「파리 갈리아 지역 공의회 성명서, 360년」(Alfred Feder, ed. Sancti Hilarii episcopi pictaviensis opera, pars IV [Collectanea Anitariana Parisina ser A.1]. CSEL 65. Leipzig: G. Freytag, 1916: 43-46).

「콘스탄티노폴리스 제1차 신경, 360년」 (*August Hahn, ed. Bibliothek der Symbole und Glaubensregeln der alten Kirche.* Breslau: Verlag von E. Morgenstern, 1897: 208-9).

「콘스탄티노폴리스 신앙 정식, 382년」 (발췌, 테오도레토스, 『교회사』 5.9; Léon Parmentier, ed. *Theodoret Kirchengeschichte.* GCS 19. Leipzig: Hinrichs, 1911: 289-95).

「톨레도 히스파니아-갈리아 지역 공의회 교령, 589년」 (J. N. D. Kelly. *Early Christian Creeds.* London: Continuum, 2006: 351).

「트라키아 니케아 신경, 359년」 (August Hahn, ed. *Bibliothek der Symbole und Glaubensregeln der alten Kirche.* Breslau: Verlag von E. Morgenstern, 1897: 205-6).

「필리포폴리스 동방 지역 공의회 성명서, 343년」 (August Hahn, ed. *Bibliothek der Symbole und Glaubensregeln der alten Kirche.* Breslau: Verlag von E. Morgenstern, 1897: 190-91).

(3) 현대 문헌

〈머리말〉

김진혁. 『우리가 믿는 것들에 대하여』 서울: 복 있는 사람, 2022.

이현우. 『아주 사적인 독서』 파주: 웅진지식하우스, 2013.

G. K. 체스터톤. 『정통』 홍병룡 옮김. 서울: 상상북스, 2010.

Bowes, Kimberly. "Personal Devotions and Private Chapels."

A People's History of Christianity: Late Ancient Christianity. Vol 2. Minneapolis: Fortress Press, 2010: 188-210.

Maier, Harry O. "Heresy, Households, and the Disciplining of Diversity." A People's History of Christianity: Late Ancient Christianity. Vol 2. Minneapolis: Fortress Press, 2010: 213-233.

〈1. 알렉산드리아의 선지자〉

곽계일. 『오리게네스 성경해석학 서사기』 군포: 도서출판다함, 2023.

Ayres, Lewis. Nicaea and Its Legacy: An Approach to Fourth-Century Trinitarian Theology. Oxford: Oxford University Press, 2004: 11-40.

Beatrice, Pier. "The Word 'Homoousios' from Hellenism to Christianity," Church History 71.2 (2002): 243-72.

Behr, John. Formation of Christian Theology I: The Way to Nicaea. Crestwood: St. Vladimir's Seminary Press, 2001.

Markschies, Christoph, "Trinitarianism," The Westminster Handbook to Origen. Westminster John Knox Press, 2004: 207-9.

Ramelli, Ilaria. "Origen's Anti-Subordinationism and its Heritage in the Nicene and Cappadocian Line," Vigiliae Christianae 65 (2011): 21-49.

Trigg, Joseph W. Origen: The Early Church Fathers. New York:

Routledge, 1998.

⟨2. 니케아로 가는 길⟩

Ayres, Lewis. *Nicaea and Its Legacy: An Approach to Fourth-Century Trinitarian Theology.* Oxford: Oxford University Press, 2004: 41-61.

Behr, John. *Formation of Christian Theology I: The Way to Nicaea.* Crestwood: St. Vladimir's Seminary Press, 2001.

──────. *Formation of Christian Theology II: The Nicene Faith.* Crestwood: St. Vladimir's Seminary Press, 2004.

Brennecke, Hanns Christof, Uta Heil, Annette von Stockhausen, and Jörg Ulrichet. *Ecclesia Est in Re Publica : Studien Zur Kirchen- Und Theologiegeschichte Im Kontext Des Imperium Romanum.* Berlin: De Gruyter, 2007.

Carriker, Andrew. *The Library of Eusebius of Caesarea.* Leiden: Brill, 2003.

Drake, H. A. "The Elephant in the Room: Constantine at the Council," *The Cambridge Companion to the Council of Nicaea.* Cambridge: Cambridge University Press, 2021: 111-32.

Lyman, Rebecca. "Arius and Arianism," *The Cambridge Companion to the Council of Nicaea.* Cambridge: Cambridge University Press, 2021: 43-62.

Grafton, Anthony, and Megan Hale Williams. *Christianity and the Transformation of the Book: Origen, Eusebius, and the Library of Caesarea*. Cambridge: Harvard University Press, 2006.

Gwynn, David M. "Reconstructing the Council of Nicaea," *The Cambridge Companion to the Council of Nicaea*. Cambridge: Cambridge University Press, 2021: 90-110.

Jacobs Ine, "Hosting the Council in Nicaea: Material Needs and Solutions," *The Cambridge Companion to the Council of Nicaea*. Cambridge: Cambridge University Press, 2021: 65-89.

Johnson, Aaron P. "Narrating the Council," *The Cambridge Companion to the Council of Nicaea*. Cambridge: Cambridge University Press, 2021: 202-22.

Parvis, Sara. *Marcellus of Ancyra and the Lost Years of the Arian Controversy, 325-345*. Oxford: Oxford University Press, 2006.

_____. "The Reception of Nicaea and Homoousios to 360," *The Cambridge Companion to the Council of Nicaea*. Cambridge: Cambridge University Press, 2021: 225-55.

Scheck, Thomas P. "Introduction," *Apology for Origen*. Washington D.C.: Catholic University of America Press, 2010: 3-31.

Williams, Rowan. *Arius: Heresy and Tradition*. Grand Rapids:

Eerdmans, 2002.

⟨3. 니케아 야간 전투⟩

고병찬, 김주한. "니케아 신경: 헬라어 원문 재구성과 번역."『성경과 신학』60 (2011): 161-88.

김주한. "니케아-콘스탄티노플 신경 (주후 381년)."『개혁논총』36. (2015): 33-63.

이냐시오 오르티츠 데 우르비나.『니케아·콘스탄티노폴리스 공의회』. 황치헌 옮김. 경기: 수원가톨릭대학교 출판부, 2018.

조성암. "제1차 니케아 세계 공의회: 어제와 오늘."『기독교사상』798 (2025.06): 9-23.

Averil Cameron, Averil and Stuart George Hall, eds. *Eusebius. Life of Constantine.* Oxford: Clarendon Press, 1999.

Ayres, Lewis. *Nicaea and Its Legacy: An Approach to Fourth-Century Trinitarian Theology.* Oxford: Oxford University Press, 2004: 62-84.

Barnes, T. D. "Emperor and Bishops, A.D. 324-44," *American journal of Ancient History* 3 (1978): 53-75.

Drake, H. A. "The Elephant in the Room: Constantine at the Council," *The Cambridge Companion to the Council of Nicaea.* Cambridge: Cambridge University Press, 2021: 111-32.

Edwards, Mark J. "The Creed," *The Cambridge Companion to*

the Council of Nicaea. Cambridge: Cambridge University Press, 2021: 135-57.

Fairchild, Mark R. *The Underwater Basilica of Nicaea: Archaeology in the Birthplace of Christian Theology*. Downers Grove: IVP Academic, 2024.

Gwynn, David M. "Reconstructing the Council of Nicaea," *The Cambridge Companion to the Council of Nicaea*. Cambridge: Cambridge University Press, 2021: 90-110.

MacMullen, Ramsay. *Voting about God in Early Church Councils*. Connecticut: Yale University Press, 2006.

Mango, Cyril. "The Meeting Place of the First Ecumenical Council and the Church of the Holy Fathers at Nicaea." *Deltion* 26 (2005): 27-34.

〈4. 시르미움 승전비〉

Ayres, Lewis. *Nicaea and Its Legacy: An Approach to Fourth-Century Trinitarian Theology*. Oxford: Oxford University Press, 2004: 85-130.

Behr, John. *Formation of Christian Theology II: The Nicene Faith*. Crestwood: St. Vladimir's Seminary Press, 2004.

De Clercq, Victor C. *Ossius of Cordova : A Contribution to the History of the Constantinian Period*. PhD Dissertation. Washington D. C. : Catholic University of America Press, 1954.

Delcogliano, Mark, "The Emergence of the Pro-Nicene Alliance," *The Cambridge Companion to the Council of Nicaea*. Cambridge: Cambridge University Press, 2021: 256-81.

Dunn, Geoffrey D. "Catholic Reception of the Council of Nicaea," *The Cambridge Companion to the Council of Nicaea*. Cambridge: Cambridge University Press, 2021: 347-67.

Kinzig, Wolfram. *A History of Early Christian Creeds*. Berlin: De Gruyter, 2024: 213-354.

Parvis, Sara. *Marcellus of Ancyra and the Lost Years of the Arian Controversy, 325-345*. Oxford: Oxford University Press, 2006.

──────. "The Reception of Nicaea and Homoousios to 360," *The Cambridge Companion to the Council of Nicaea*. Cambridge: Cambridge University Press, 2021: 225-55.

〈5. 안티오키아의 선택〉

공성철. "정통신앙의 기준으로 부활한 니케아 신앙고백에 관한 일고: 362년 Tomus ad Antiochenos를 중심으로." 『신학논단』 43 (2006): 551-80.

Ayres, Lewis. *Nicaea and Its Legacy: An Approach to Fourth-Century Trinitarian Theology*. Oxford: Oxford University Press, 2004: 133-86.

Behr, John. *Formation of Christian Theology II: The Nicene Faith*. Crestwood: St. Vladimir's Seminary Press, 2004.

Delcogliano, Mark, "The Emergence of the Pro-Nicene Alliance," *The Cambridge Companion to the Council of Nicaea*. Cambridge: Cambridge University Press, 2021: 256-81.

Kelly, J. N. D. *Early Christian Creeds*. London: Continuum, 2006.

Parvis, Sara. "The Reception of Nicaea and Homoousios to 360," *The Cambridge Companion to the Council of Nicaea*. Cambridge: Cambridge University Press, 2021: 225-55.

Spoerl, Kelley McCarthy. "Apollinarius and the Nicene Homoousion," *The Cambridge Companion to the Council of Nicaea*. Cambridge: Cambridge University Press, 2021: 282-304.

William, D. H. "Ariminum and the Rise of the Neo-Nicenes," *The Cambridge Companion to the Council of Nicaea*. Cambridge: Cambridge University Press, 2021: 305-24.

〈6. 두 로마와 크테시폰의 해석〉

곽계일. 『동방수도사 서유기+그리스도교 동유기』 서울: 감은사, 2020.

김병훈. "호모우시오스: 니케아 공의회(325)와 콘스탄티노플 공의회(381)의 신학적 상관성." 『신학정론』 22. 2 (2004): 557-95.

서원모. "고대교회 신조들의 형성 배경과 특징." 『기독교사상』 798 (2025.06): 24-38.

이냐시오 오르티츠 데 우르비나. 『니케아·콘스탄티노폴리스 공의회』. 황치헌 옮김. 경기도: 수원가톨릭대학교 출판부, 2018.

정승익. "니케아-콘스탄티노플 신경에 나타난 '동일 본질'과 '동일 흡숭' 개념에 대해서."『가톨릭 신학과 사상』 68 (2011): 129-72.

Ayres, Lewis. *Nicaea and Its Legacy: An Approach to Fourth-Century Trinitarian Theology*. Oxford: Oxford University Press, 2004: 187-269.

Behr, John. *Formation of Christian Theology II: The Nicene Faith*. Crestwood: St. Vladimir's Seminary Press, 2004.

Delcogliano, Mark. "The Emergence of the Pro-Nicene Alliance," *The Cambridge Companion to the Council of Nicaea*. Cambridge: Cambridge University Press, 2021: 256-81.

Gavrilyuk L. Paul. "The Legacy of the Council of Nicaea in the Orthodox Tradition," *The Cambridge Companion to the Council of Nicaea*. Cambridge: Cambridge University Press, 2021: 327-46; 549-89.

Grenz, Stanley. *Theology for the community of God*. Grand Rapids: William B. Eerdmans Publishing Company, 2000.

Jenkins, Philip. *Jesus Wars: How Four Patriarchs, Three Queens, and Two Emperors Decided What Christians Would Believe for the next 1,500 Years*. New York: HarperOne, 2010.

Kinzig, Wolfram. *A History of Early Christian Creeds*. Berlin: De Gruyter, 2024: 355-464.

Pelikan, Jaroslav. *Credo: Historical and Theological Guide to Creeds and Confessions of Faith in the Christian Tradition*. New Haven: Yale University Press, 2006.

Smith, Mark S. *The Idea of Nicaea in the Early Church Councils, AD 431-451*. Oxford: Oxford University Press, 2018.

<7. 니케아 신경 형성기>

곽계일. 『동방수도사 서유기+그리스도교 동유기』 서울: 감은사, 2020.

_____. 『오리게네스 성경해석학 서사기』 군포: 도서출판다함, 2023.

김진혁. 『우리가 믿는 것들에 대하여』 서울: 복 있는 사람, 2022.

백충현. "니케아공의회 및 신조는 오늘날 한국교회에 어떤 의미인가." 『기독교사상』 798 (2025.06): 56-65.

안셀름 그륀. 『우리를 지탱해주는 말들: 신경(credo)의 지혜』 서명옥 옮김. 서울: 성서와함께, 2023.

울리히 뤼케, 김일두. "신앙 고백에 나타나는 삼위일체적 구조." 『신학전망』 221 (2023): 218-44.

윤정현. "325년 니케아에서 열린 첫 보편 공의회가 오늘날에 주는 의미." 『가톨릭신학』 46 (2024): 303-22.

제야키란 세바스찬. "아시아 신학자들은 왜 니케아 공의회와 씨름해야 하는가." 『기독교사상』 798 (2025.06): 39-55.

프랜시스 영. 『신경의 형성: 신경은 어떻게 신경이 되었는가?』 강성윤, 민경찬 옮김. 서울: 비아, 2022.

Ayres, Lewis. *Nicaea and Its Legacy: An Approach to Fourth-Century Trinitarian Theology.* Oxford: Oxford University Press, 2004: 273-343.

Johnson, Luke T. *The Creed: What Christians Believe and Why It Matters.* New York: Doubleday, 2003.

Kinzig, Wolfram. *A History of Early Christian Creeds.* Berilin: De Gruyter, 2024: 50-53; 484-539.

Pelikan, Jaroslav. *Credo: Historical and Theological Guide to Creeds and Confessions of Faith in the Christian Tradition.* New Haven: Yale University Press, 2006.